Jan Mees/Stefan Oefner-Py/Karl-Otto Sünnemann

Projektmanagement
in neuen Dimensionen

Edition GABLERS MAGAZIN

EDITION ■ GABLERS MAGAZIN

Jan Mees/Stefan Oefner-Py/Karl-Otto Sünnemann

Projektmanagement in neuen Dimensionen

Das Hologramm zum Erfolg

Die Deutsche Bibliothek – CIP-Einheitsaufnahme

Mees, Jan:
Projektmanagement in neuen Dimensionen : das Helogramm zum Erfolg / Jan Mees ; Stefan Oefner-Py ; Karl-Otto Sünnemann. – 2. Aufl. – Wiesbaden : Gabler, 1995
(Edition Gabler's Magazin) (Gabler Management)
ISBN 978-3-409-28726-5

Der Gabler Verlag ist ein Unternehmen
der Bertelsmann Fachinformation.
Betriebswirtschaftlicher Verlag Dr. Th. Gabler GmbH, Wiesbaden 1995
Chefredaktion: Dr. Andreas Lukas
1. Auflage 1993
2. überarbeitete und erweiterte Auflage 1995

Das Werk einschließlich aller seiner Teile ist urheberrechtlich geschützt. Jede Verwertung außerhalb der engen Grenzen des Urheberrechts ist ohne Zustimmung des Verlags unzulässig und strafbar. Das gilt insbesondere für Vervielfältigungen, Übersetzungen, Mikroverfilmungen und die Einspeicherung und Verarbeitung in elektronischen Systemen.

Höchste inhaltliche und technische Qualität unserer Produkte ist unser Ziel. Bei der Produktion und Verbreitung unserer Bücher wollen wir die Umwelt schonen: Dieses Buch ist auf säurefreiem und chlorfrei gebleichtem Papier gedruckt. Die Einschweißfolie besteht aus Polyäthylen und damit aus organischen Grundstoffen, die weder bei der Herstellung noch bei der Verbrennung Schadstoffe freisetzen.

Die Wiedergabe von Gebrauchsnamen, Handelsnamen, Warenbezeichnungen usw. in diesem Werk berechtigt auch ohne besondere Kennzeichnung nicht zu der Annahme, daß solche Namen im Sinne der Warenzeichen- und Markenschutz-Gesetzgebung als frei zu betrachten wären und daher von jedermann benutzt werden dürften.

ISBN 978-3-409-28726-5   ISBN 978-3-322-87151-0 (eBook)
DOI 10.1007/978-3-322-87151-0

Prolog

Nichts ist mehr Routine. Alles ist Projekt. Die neue Cabrio-Klasse. Das Markenkonzept für Fertigsuppen. Die Hilfsflüge in das Krisengebiet. Der Solidarpakt. Die Wahlkampfstrategie. Die Umstellung der Postleitzahlen. Das neunte Schuljahr. Die Urlaubsreise. Das Reformpaket im Gesundheitswesen. Die Stadtteilsanierung. Das persönliche Entwicklungsprogramm. Der Kindergeburtstag.

Auch unser alter Freund Gunter, Lebenskünstler und allem Planmäßigen eher abgeneigt, antwortet auf die routinemäßige Frage, wie es ihm gehe, nicht mehr „Immer so weiter", sondern erklärt uns, er mache gerade ein Theaterprojekt. „Die Reise um sich selbst in 80 Tagen". Wir können ihm immerhin entgegenhalten, unser aktuelles Projekt sei ein Buch über Projektmanagement...

Irgendwie ist es chic, und findet den ungeteilten Beifall oder auch den erwünschten Neid, wenn man heutzutage hierzulande ein Projekt macht. Das hat etwas Bedeutungsvolles. Etwas nicht Alltägliches. Etwas Besonderes. Und wenn das Projekt so ist, dann sind es gewiß auch diejenigen, die es machen. Das ist in einem Heidelberger Unternehmen der Elektrobranche nicht anders; dort ist das Abwickleln eines Kundenauftrages über 100 Aggregate der gleichen Baureihe nicht ein Projekt sondern deren hundert und in der Liste „hängender" Projekte stehen so bedeutende Aufgaben wie „Lager aufräumen" gleich neben der „Reorganisation des Unternehmens". Alles ist Projekt.

„Machen" Sie nicht gerade auch irgend ein Projekt? Oder gar mehrere? Kann man nicht eine ganze Weltsicht daraus machen? Die Geschichte – eine Kette von mehr oder weniger planmäßig verlaufenen Projekten – die Schöpfungsgeschichte nicht nur als Oratorium vertont, sondern in einem Sieben-Tages-Balkendiagramm visualisiert – Tempelbauten, Kreuzzüge, Völkerwanderungen, Revolutionen, Wahlkämpfe – damals Projekte, heute Relikte.

Und – werden Projekte nicht umgekehrt angesichts der unplanbaren Ereignisse im Strom des Wandels selbst zu Geschichte, erhalten eine Geschichtlichkeit, die sich gerade nicht in den nüchternen Balken, Achsen, Knoten und Zahlen der Projektplanung und -steuerung wiederfindet, sondern allenfalls in den Erzählungen der Projektteams?

Im Projekt – soviel ist jetzt schon sicher – treffen sich Philosophie und Alltag, hochfliegende Visionen und handfeste Probleme.

Karl-Otto hat seine eigene Sicht der Dinge. Karl-Otto behauptet, jeder Tag in seinem Leben sei ein eigenes, in sich geschlossenens und gleichzeitig völlig offenes Projekt. Jeder Tag habe feste Ziele. Jeder Tag habe dieselbe begrenzte Zeit. Jeder Tag habe einen definierten Anfang und ein definiertes Ende. An jedem Tag seien seine Energien, Kapazitäten und sein Geld begrenzt. Vor allem aber: Jeder Tag sei auf seine Weise einmalig.

Ein Tag – ein Projekt – ist das nicht ein wenig übertrieben? Ist das Berufsleben nicht schon verplant genug, als daß der Rest des Lebens auch noch unter einer rationalen Perspektive gelebt werden soll? Habe ich denn einen Netzplan über dem Bett hängen? Findet im Badezimmer in der bekannten Herrgottsfrühe ein Kick-off-Meeting statt?

So sei das nicht gemeint, sagt Karl-Otto, er sehe das anders. Die meisten verwechselten immer noch Projekt mit Programm und Plan mit Plakat. Und deshalb wolle er etwas weiter ausholen.

Er liege zum Beispiel, nachdem er aufgewacht, noch im Bett und habe manchmal überhaupt keine Lust, aufzustehen. Zumindest könne er in seinem Inneren auf die von seinem Innersten gestellte Frage, wie es ihm gehe, allenfalls antworten „Naja". Bis dahin kann ich Karl-Otto folgen. Mein tägliches Projekt beginnt genau so.

Dann fange er, Karl-Otto, an, immer noch im Bett liegend, den Tag zu ordnen, den Tag, der ja noch vor ihm liege, ablaufen zu lassen, wie einen Film, wie eine Reportage, oder wie ein Dokumentarspiel. Manche Szenen sehe er im Zeitraffer und manche in Zeitlupe. Erst stellten sich die Personen ein und dann die Bezüge. Er habe dann einen inneren Netzplan. Vermute er. Oder ein Drehbuch mit offenem Ende. Epik als Konzeption.

Aber das sei noch nicht alles. Er meditiere dann über die fünf Tibeter, die nacheinander zu ihm sagen

- Stehen und Drehen;
- Liegen: Kopf und Beine heben;
- Knien: Behutsam nach hinten beugen;
- Aufrecht sitzen: Den Körper zu einer Brücke anheben;
- Liegen und Aufstützen: Das Becken hochheben.

Das sei mehr als Körperbewegung. Das sei das Vor-Leben des Tagesablaufs, der Spannungen und Entspannungen. Und wenn er dieses innere Kick-off-Meeting erlebt habe, habe er sich seinen Tag erlebt und springe total happy auf, so Karl-Otto wörtlich.

Auch in diesem Punkt muß ich Karl-Otto zustimmen. Ich treffe zwar nicht die fünf Tibeter. Aber meine Familie gibt mir mit den vergleichsweise profanen Botschaften „Kochst Du Kaffee?!", „Papa" und „Wääh" auch den nötigen Kick-off.

Karl-Otto fährt fort. Er könne eine Tagesfieberkurve seiner Leistungsfähigkeit, seiner Stimmung, seiner ganzen Befindlichkeit angeben, die genauso aussehe, wie eine Projektzykluskurve. Es sei alles nur eine Sache des Sich-Wahrnehmens und des Sich-Ernstnehmens und habe deshalb ebensoviel Rationales wie Emotionales. Pläne, so Karl-Otto wörtlich, seien lediglich die gemeinsame Grundlage, alles Geplante wieder zu verwerfen. Das mache Pläne ungemein wertvoll.

Wenn er zum Beispiel sein Haus aufräume in Dänemark, was übrigens etwas ganz anderes sei als etwa ein Haus aufzuräumen im Rheingau, wo er gerade diese Geschichte erzähle, obwohl er aus Reinbek komme, wo er seltener aufräume, wenn er zum Beispiel jenes Haus aufräume, habe er zwar eine Art Plan, fange dann aber an allen Ecken und Enden gleichzeitig an und mache ebenso unsystematisch weiter, so daß nach etwa einer halben Stunde für einen Außenstehenden das Chaos ein vollkommenes sei. Seine Frau schlage dann immer die Hände über dem Kopf zusammen und konzentriere sich ganz auf das „Abarbeiten" eines Zimmers, das er, Karl-Otto, dann ganz außer acht lassen könne. Er mache aber unbeirrt weiter. Vieles laufe zusammen und auseinander. Am Ende sei alles auf einen Schlag fertig. Wie diese seine Geschichte jetzt auch.

Und so sei jeder Tag etwas einmaliges, auf den er sich freue, für den er Ziele habe, und der schließlich am Ende lebenswert sei.

Die Gedanken Karl-Ottos wirken lange nach. Wenn ich meinen Tag als Projekt begreife, verfolge ich den Anspruch, das Erleben zu verbessern, zu pefektionieren, nicht (oder nicht nur) im Sinne von technisieren, rationalisieren, optimieren, maximieren usw. sondern im Sinne von angenehmer machen, mich zufriedener machen. Ich nehme Distanz ein zu dem, was ich vorhabe. Ich werfe es quasi ein Stück weit vor mich hin, um es in Augenschein zu nehmen. *Pro-jekt.* Projiziert liegt es vor mir und wartet darauf, verwirklicht zu werden.

Je länger ich darüber nachdenke, desto sympathischer wird mir der Gedanke und ich frage mich: Was macht diese Sympathie aus?

■ Ich erkenne mich und den Tagesablauf im Projekt-Jargon wieder. Am Anfang ist alles unstrukturiert. Dann klart es auf. Aufnehmen, Entsorgen, Ressourcen, Budgets. Alles findet sich wieder. Und mehr.

■ Die Gedankengänge kommen dem Wunsch entgegen, Macht über das Geschehen zu haben, dem man sonst eher ausgesetzt ist. Es entsteht die Zuversicht, selbst gestalten zu können.

■ Die täglich erlebte und erlittene Spannung wird aufgehoben; ich werde aufgehoben in einer Gesetzmäßigkeit, einer Regelmäßigkeit, einer Logik, die Halt gibt und Freiraum läßt.

Und jetzt habe ich meine anfängliche Skepsis eingeholt. Ich war skeptisch, weil ich dachte: Nun wird das ganze Leben so technokratisch angegangen wie ein Projekt. Aber nicht die Projekte sind technokratisch, sondern vielfach die Projektauffassung. Ist die Projektauffassung jedoch keine technokratische, sondern eine lebendige, liegt nichts näher, als einen Lebensabschnittt unter dieser Perspektive einmal zu betrachten. Mit Gewinn.

Kehrvers: Diese Erkenntnis war wiederum nur möglich, weil am Anfang meine Skepsis stand, die die erkenntnisleitenden Fragen auslöste. Und weil am Anfang Karl-Ottos Zuversicht stand, mit der er immerzu sagt: „Ich habe die Lösung."

Drucker sagt: Gewinne sind die Kosten der Zukunft.

Im umgekehrten Sinne gilt sicher auch: Ein Zukunftsvorhaben (Projekt) ist zugleich die Reflexion und Verarbeitung der erlebten Vergangenheit.

Besser machen als früher. Anders machen als bisher. Wiederholen wie es war. Wieder holen, was war. Aufheben und wieder vorauswerfen, um es wiederzufinden.

Reinbek, August 1993
Jan Mees
Stefan Oefner-Py
Karl-Otto Sünnemann

Inhalt

Prolog 5

1. Projekte: Annäherungen,
   Mutmaßungen, Definitionen 17

   Was ist ein Projekt? Und was ist es nicht? 19
   Merkmale eines Projektes 20

   Sieben Gründe für Projektmanagement 22
   Komplexität und Ganzheit 22
   Leistung und Geschwindigkeit 24
   Projektzyklen und Innovation 25
   Internationalisierung 27
   Marktfragmentierung und Diversifikation 27
   Personalentwicklung 28
   Wertewandel 29

   Sieben Problemkreise im Projektmanagement 32

2. Das Helogramm oder:
   Die sieben Dimensionen des
   Projektmanagements 43

   Die Grundidee: Ganzheit und Vielfalt begreifen 43
   Projektmanagement-Funktionen 48

Generieren 52
Strukturieren 56
Organisieren 60
Voranbringen 63
Regeln 65
Das Konzept des Zusammenwirkens 67

Phasen im Projektprozeß 69

Erfolgsfaktoren im Projektmanagement 76
   Aufbau-Organisation 76
   Ablauf-Organisation 79
   Materielle Ressourcen 81
   Finanzielle Mittel 82
   Personelle Ausstattung 83
   Fachliche Qualifikation des Projektteams 85
   Führungsstil und Führungsqualifikation 88
   Kommunikation und Kooperation 91
   Überfachliche Qualifikation:
   Teamfähigkeit 95
   Motivation 97
   Projekt-Kultur 98

Handlungsebenen im Projektmanagement 102
   Informationsverarbeitung 102
   Lernen 106
   WILLE – das Lernkonzept
   für wissensbasiertes lebendiges Lernen 109
   Technische Gestaltung 111
   Soziale Gestaltung 112
   Projektökonomie 115
   Politik und Macht 117

Das Ziel- und Themensystem des Projekts 119

Mittel und Wege 123

Projektmanagement-Philosophie 124

Vom Hologramm zum Helogramm 126
   Paktische Konsequenzen
   für das Projektmanagement 126
   Theoretische Konsequenzen für das
   Verständnis von Projektmanagement 130

3. **Dramaturgie für Arbeitstreffen** 133

   Szenerie und dramaturgische Eckpunkte 136

   Typische Meeting-Prozesse 140
      Strukturierter Einstieg 140
      Offenes moderiertes Gespräch 141
      Frage-Antwort-Dialog 142

   Der Nutzen für die Projektarbeit 143
      Ganzheitlich bleiben 143
      Vor der Zeit sein 144
      Blockaden abbauen 146

   Sinnvolle Prozeßbegleitung 147

4. **Instrumente der Projektarbeit** 149

   Instrumente zur Situationsanalyse 150

Multimoment-Aufnahme	150
Ishikawa-Diagramm	152
Soziometrie	153
Problemanalyse	155
Beteiligten-Analyse	156
Failure Mode and Effects Analysis	158
Kulturanalyse	160
Beliefs Audit	161

Instrumente zur Prognose	163
Delphi-Technik	163
Function-Point Methode	165
Trendextrapolation	166
Spektralzerlegung von Zeitreihen	168
Scenario-Writing	169

Instrumente zur Zielfindung und Potentialanalyse	171
Theoretische Zielanalyse	171
Zielgewichtung	172
Empirische Zielanalyse	173

Instrumente zur Alternativensuche	175
Brainstorming	175
Methode 6-3-5	177
Synektik	178
Morphologischer Kasten	179
Phasenschemata	181

Instrumente zur Bewertung	182
Kosten-Nutzen-Analyse	182
Nutzwertanalyse	183

Instrumente zur Entscheidungshilfe 185
   Entscheidungsmatrix 185
   Entscheidungsbaum 186
   Portfolio-Analyse 187

Instrumente der Projektplanung 188
   Projektstrukturplan 188
   Gantt-Diagramm 189
   Netzplantechnik 191
   Umsetzungsplanung 192
   Funktionendiagramm 194

Controlling-Instrumente 196
   Projekt-Tagebuch 196
   Protokolle 197
   TOR-Dokumentation 198

Projektführungs- und
Kommunikationsinstrumente 200
   Themenzentrierte Interaktion 200
   Transaktionsanalyse 201
   Konfrontationstreffen 203

Literaturverzeichnis 205

Stichwortverzeichnis 214

Autoren 227

1. Projekte: Annäherungen, Mutmaßungen, Definitionen

Projekte sind immer etwas Neues, Aufregendes, Herausforderndes, Motivierendes. Selten haben wir ein Kick-off-Meeting erlebt, aus dem die Teilnehmer nicht mit leuchtenden Augen herausgekommen wären, begeistert, voller Ideen und zuversichtlich. Manchmal gibt es sogar so etwas wie einen Projektrausch: Bislang als zurückhaltend geltende Mitarbeiter stehen auf einmal lebhaft gestikulierend und argumentierend mitten im Besprechungsraum, andere skizzieren auf einem Flipchart Entwürfe, zerknüllen einen nach dem andern, bis sie etwas Neues entworfen, projektiert haben.

Projekt ist Stimmung. Am Anfang. Genauso häufig aber sind offensichtlich Projekte, in denen die anfängliche Begeisterung bald einer Verwirrung weicht, die nicht als schöpferisches Chaos empfunden wird, sondern als Blockade. Mit der keiner so recht umgehen kann oder will. In aller Regel folgt so dem Projektrausch die Projekternüchterung: Die Mitarbeiter ziehen sich in ihre angestammten „Nischen" zurück, Einzelaktivitäten dominieren, nur gelegentlich tut man sich zu gemeinsamen Aktionen zusammen, wenn vereinbarte Termine drohen.

Das Projekt gerät zu einer Folge mehr oder weniger unverbindlicher Meetings, die auf immer mehr Desinteresse stoßen.

Weil dieser Verlauf kein Einzelfall ist, findet sich als Aushang in vielen Betrieben und Behörden das folgende Projektphasenschema: „Begeisterung → Verwirrung → Ernüchterung → Suche nach Schuldigen → Bestrafung von Unschuldigen → Belohnung von Unbeteiligten". Oder man liest die folgende Definiton: „Projekt ist, wenn Du von einer Sitzung in die andere rennst und nicht mehr zu Deiner Arbeit kommst". Witzige Ironie oder resignativer Zynismus? Woher rührt der Stimmungswandel?

Abbildung 1: Projekte und Routinen

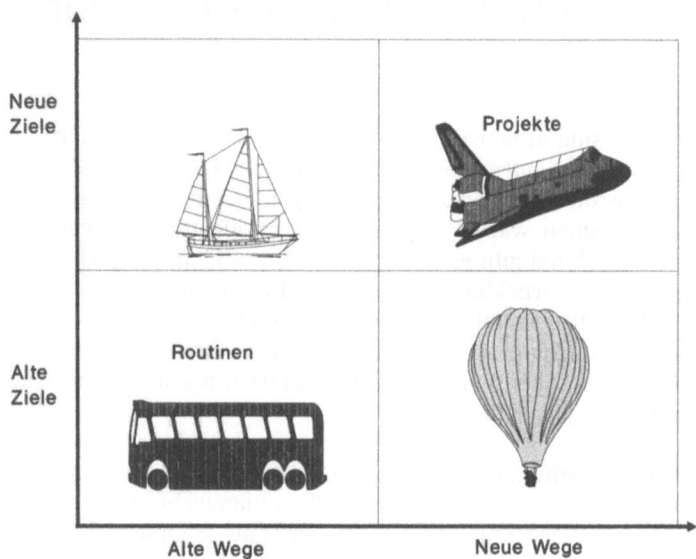

Projekte erzeugen immer Spannungen, das liegt in ihrer „Natur". Wenn es immer um ewas Neues geht, dann bedeutet das umgekehrt, das immer etwas Altes verlassen wird bzw. werden soll. Damit sind wiederum Ängste und Befürchtungen der Beteiligten verbunden. Der Projektrausch am Anfang ist der Ausdruck der Hoffnung und der Zuversicht. Die Ernüchterung signalisiert den Gegenpol.

Projektmanagement muß beidem Rechnung tragen: den Hoffnungen und den Befürchtungen. Dem Verändern und dem Bewahren. Mehr noch: In dieser Spannung zwischen Alt und Neu, zwischen Festhalten und Loslassen, steckt gerade das produktive Potential, aus dem das Projekt seine Dynamik bezieht. Abbildung 1 skizziert die Problematik ganz grob in einem Raster: Es gibt alte Ziele und neue Ziele. Es gibt alte Wege und neue Wege.

Um auf alten Wegen zu alten Zielen zu gelangen, haben sich die Menschen Routinen ausgedacht. Um das sprichwörtliche Rad nicht jedesmal von vorne erfinden zu müssen. Projekte gehen aber auf neuen Wegen zu neuen Zielen. Hier greift das Rad nicht, wie oft man es auch von vorne erfinden mag.

Strittig ist, inwieweit man ein Vorhaben, das auf bekannten Wegen neue Ziele erreichen will oder aber einen neuen Weg zu einem bekannten Ziel sucht, als Projekt bezeichnen und vor allem so behandeln, sprich: managen soll. Das mag dem Einzelfall überlassen bleiben.

Was ist ein Projekt?
Und was ist es nicht?

Das Wort transportiert den Begriff. Und die Schwierigeiten die damit verbunden sind.

PRO: Vor, vorher, voraus, zuvor, vorwärts. Pro wie Problem, Programm, Prozeß, Prognose. Projekt im Sinne von Vor-Haben.

PRO: Für, zum Zwecke von, im Dienste von. Pro wie Produkt, Profit. Projekt: für die Zukunft, für die Nutzer, für die, die es aufheben.

PRO: Anstelle von. Pro wie Protokoll. Projekt anstelle von Handeln.

JEKT: Geworfen. Und doch noch nicht geworfen. Der Ent-Wurf vor dem großen Wurf. Der gedachte Wurf.

JEKT: Ausgesprochen. Große Worte. Wiederholt im Munde geführt. Aber nicht zu Ende.

Projekte sind keine Pläne. Aber Pläne gehören zu Projekten. Projekte können Programme enthalten. Programme können Projekte enthalten. Strategische Projekte sind etwas anderes als Projektstrategien. Probleme sind Auslöser von Projekten. Projekte wiederum enthalten Probleme. Produkte können das Ergebnis von Projekten sein. Projekte sind die Produkte ihrer Manager. Alle Projekte sind Prozesse, aber nicht alle Prozesse sind Projekte. Vielleicht hilft uns die Fachliteratur begrifflich weiter:

Projekt: Komplexes, relativ neuartiges Vorhaben mit definiertem Anfang und Abschluß (Frese, 1980)
Projekt: Von anderen Aufgaben abgegrenzte Zielvorgabe unter einmaligen inhaltlichen, zeitlichen, personellen, finanziellen und organisatorischen Begrenzungen (Seibt, 1980)
Projekt: Nicht standardisierbares Einzelvorhaben, das bereichsübergreifend angegangen wird (Schröder, 1984)
Projekt: Zeitlich begrenzte, umfangreiche und verflochtene Problemstellung (Zimmermann, 1984)
Projekt: Sachlich und zeitlich begrenzte Aufgabe die interdisziplinär gelöst werden muß (Blazek, 1991)
Projekt: Ein die Tagesaufgaben übersteigendes klar definiertes Vorhaben von besonderer Bedeutung und begrenzter Dauer und mit fest definierter Ressourcenausstattung und Ergebnisverantwortung

Merkmale eines Projektes:

- *Eindeutige inhaltliche und zeitliche Zielsetzung:*
Als US-Präsident Kennedy 1961 seiner Nation das Ziel setzte, „einen Menschen zum Mond zu schicken und ihn sicher wieder zurückzuholen, noch bevor diese Dekade verstrichen ist", definierte er damit ein Projekt, ohne diesen Begriff explizit zu gebrauchen. Das im Dekadenprogramm der NASA für die 80er-Jahre als Projekt bezeichnete Aufgabe „Erkundung der Venus" ist dagegen kein Projekt. Die Zielbestimmung ist zu wenig präzise (wann gilt die Venus als erkundet?) und vor allem fehlt ein Endtermin.

- *Gewisse Einmaligkeit der Aufgabe:*
Für den privaten Haushalt ist der Umzug von einer Woh-

nung in die andere ein Projekt. Für das beauftragte Umzugsunternehmen nicht.

- *Innovativer Charakter:*
  Die mit einem Projekt verbundenen Kernaufgaben sind nicht mit den vorhandenen Routinen zu bewältigen. Besondere organisatorische Vorkehrungen sind notwendig. Das heißt z.b. fachbereichsübergreifende Zusammenarbeit. Das heißt z.b. andere, ungewohnte Arbeitsabläufe. Zum Projekt gehören Chaos. Veränderung, z.T. Auflösung von Über-/ Unterordnungsverhältnissen, Neuorientierung.

- *Begrenzte und klar zugeordnete Ressourcen:*
  Äußere Kennzeichen eines Projektes: Ein Projektteam, seine Ausstattung und das Budget.

- *Klare Ergebnisverantwortung:*
  So eindeutig wie die Zielsetzung ist die Verantwortung für den Erfolg oder Mißerfolg. Chance und Risiko. Herausforderung und Last.

- *Gewisses Risiko:*
  Auch wenn es mittelbar schon in der Einmaligkeit und dem innovativen Charakter steckt: Projekte zeichnen sich durch eine höhere Wahrscheinlichkeit des Schiefgehens aus als Routinen.

Projektmanagement ist demnach

1. das Organisationsverfahren zur Planung, Steuerung, Regelung und Kontrolle von Vorhaben, die die genannten Merkmale aufweisen,
2. die Institution, die plant, steuert, regelt und kontrolliert,
3. ein Führungskonzept (Management by Projects) für ganze Unternehmen bzw. Organisationen.

Das sind die Merkmale, die der Theoretiker feststellt. Und wie beschreibt der Praktiker die Projektpraxis?

- „Einer hat eine Idee für ein Projekt. Weitere Stellen machen mit. Eine nächste Stelle (nicht gefragt) moniert. Eine vierte Stelle sagt: So geht's nicht. Eine fünfte Stelle ändert. Eine sechste Stelle blockt. Das Projekt endet im Streit oder kommt nicht voran." (Fendrich, 1991, S. 3)

- „Beim Management von Projekten reden alle mit. Es ist die Sache einer Gruppe, eines Teams. Deshalb sind ganz andere Abstimmungs- und Kommunikationsformen notwendig als im Linienmanagement." (Böning/Fritschle/Oefner-Py, 1992)

- „Trotzdem werden immer wieder Projektaufträge formuliert, Projektleiter bestellt und Projekte irgendwie zu ihrem Abschluß gebracht. Das liegt wohl daran, daß man in der praktischen Arbeit erkannt hat, daß sich bestimmte Probleme innerhalb der arbeitsteiligen Organisation kaum mehr lösen lassen." (Blazek, 1991, S. 39)

Sieben Gründe für Projektmanagement

Komplexität und Ganzheit

Fast ist es schon eine Binsenweisheit, daß Aufgaben, Entscheidungen, Probleme und Bedingungen im Unternehmen wie in der Gesellschaft überhaupt immer komplexer werden. Plötzlich rückt es ins Bewußtsein, daß der Lack auf der Produktverpackung etwas mit Kaufanreiz, Entsorgungsproblemen, Einstandspreisen, Allergien, Ölreserven, Arbeitsplätzen, Lagerkosten, Luftbelastung und internationaler Arbeitsteilung zu tun hat. Relativ unbedeutende Entscheidungen zeitigen im totalen Zusammenhang große Wirkungen. Das zeigen nicht nur die häufiger auftretenden Störfälle. Die Wahrscheinlichkeit menschlichen Versagens wächst in dem Maße, in dem die Folgen menschlichen Handelns weniger überschaubar werden.

Die Aufgaben, denen sich Unternehmen heute gegenübersehen, überfordern immer mehr die herkömmlichen Organisationsapparate. Globale Auswirkungen und totale Vernetzungen sind zu bedenken. Riesige Investitionen müssen bewegt werden und können riesige Umweltfolgen nach sich ziehen. Wer sich den veränderten Umfeld- und Umweltbedingungen nicht anpaßt, geht zugrunde. Da helfen auch Tradition, wirtschaftliche Größe und der Erfolg gerade vergangener Zeiten nichts. Von den 500 größten amerikanischen Unternehmen des Jahres 1980 haben nur etwa 54% überlebt, die übrigen wurden aufgekauft oder gingen pleite (Peters, 1992). Die gegenwärtige Krise ist nicht nur eine Rezession und Neuformierung der produktiven Kräfte, sondern auch und vor allem eine Strukturkrise: Die gewachsenen Strukturen sind einer vielfältigeren, sich rasch verändernden Umwelt im Sinne des Wortes nicht mehr gewachsen.

Von der Unternehmensseite betrachtet, sieht das so aus: Für das Management gibt es immer weniger fixe Größen, auf deren Basis kalkuliert werden kann. Die Ungewißheit nimmt zu; die Organisation entzieht sich immer mehr der direkten Steuerbarkeit durch zentrale Instanzen. In den Führungsetagen herrscht scheinbar Verwirrung, Ohnmacht und Lähmung.

„The problem of a structure which in our context is called organized, consists in the information bottleneck (...) This problem can be solved only if more room is given to self-organization." (Haken, 1984) Gesucht ist also eine Organisation bzw. ein Organismus, der autonom in der Lage ist, komplexe Umweltsituationen zu verarbeiten.

Vielversprechende Anfänge sind gemacht: „Als Geschäftsführer Innovation und Ökologie bin ich sowohl für umweltgerechte Produktion als auch für möglichst zukunftsgerechte Produktentwicklungen zuständig, ohne daß ich den Produktions-, den Beschaffungs- oder den Marketingbereich verantworte. Zwangsläufig muß ich kreuz und quer in der Organisation Anweisungen geben." formuliert Rüdiger Lutz, Geschäftsführer bei Wilkhahn (zitiert bei Weber/Sinn, 1991, S. 18). Kreuz und quer – das heißt: die gewachsene Zuständigkeits-Verteilung paßt nicht mehr auf veränderte Anforderungen; entweder bedarf es qualifizierter „Kreuz- und Quer-Manager" wie in unserem Beispiel oder die bestehende Organisation wird ineffizient. Auf der anderen Seite scheidet Revolution im Sinne einer radikalen Neuordnung aus, weil das Unternehmen dann Gefahr läuft, das Bewährte nicht mehr und das Neue noch nicht richtig zu können.

Projektmanagement ist ein Organisations-Übergangsmodell. Es erlaubt, an konkreten Aufgaben für die Kunden zu arbeiten und damit gleichzeitig die eigene Aufbau- und Ablauforganisation zu verändern. Im Ergebnis findet eine evolutorische Anpassung an komplexere Umweltbedingungen statt. Daß dies nicht nur eine Neu-Formierung, sondern eine substantielle Neu-Orientierung zu einem ganzheitlichen Management bedeutet, davon wird später noch die Rede sein.

Leistung und Geschwindigkeit

Schnelligkeit wird neben Kapitalkraft, Produktivität, Qualität und Innovation zum entscheidenden Wettbewerbsfaktor. „Plötzlich ist es nicht mehr entscheidend, das qualitativ beste Produkt auf den Markt zu bringen, sondern am schnellsten auf dem Markt zu sein – auch wenn sich dieser Teilmarkt später als Flop erweist." (Sinn/Weber, 1991, S. 19) Zeit- und Geschwindigkeitsmanagement sind dagegen in der gängigen Unternehmenspraxis nicht besonders ausgeprägt: (Rutt, 1990, S. 62)

- Der hohe Spezialisierungsgrad ist mit seinen vielen Stellen und Schnittstellen träge gegenüber Richtungsänderungen und Beschleunigung.

- Die Prinzipien der herkömmlichen Kosten- und Kontrollsysteme behandeln Zeit als normierende Größe, nicht als Parameter geschweige denn als Variable.

- Das Vorurteil, Zeitminimierung in den Abläufen führe zur Kostenerhöhung, behindert zusätzlich ein unternehmensweites Zeitmanagement.

Der Allgemeinplatz „Zeit ist Geld" bezieht sich offenbar mehr auf das persönliche Zeitmanagement und seltener auf ganze Unternehmen. Wenn es beherzigt wird, dann ergeben sich ganz erstaunliche Wettbewerbsvorteile: „Wal Mart bekommt 90 Minuten nach Ladenschluß das Feedback aus allen Filialen und kann deshalb eine Entscheidung zwölfmal schneller treffen als Seers" (Peters, 1989, S. 23)

Wie ist solches in den Griff zu bekommen? Organisationen, die die Zeit/Geschwindigkeit zur Leitlinie erwählen, brauchen völlig andere Strukturen als die, die wir aus traditionellen Unternehmen kennen; Strukturen, die sich im Projektmanagement wiederfinden:

- Weg vom Prinzip, daß die Strukturen den Weg vorzeichnen (Richtlinien, Kompetenzen) und leiten. Hin zum Prinzip, daß dezentral entschieden wird und die vorhandenen Strukturen dabei lediglich unterstützen (Informationen).

- Selbstkontrolle statt Fremdkontrolle.

- Vertrauenskultur statt Mißtrauenskultur.

- Proaktives Verhalten statt reaktivem Verhalten.

Produktzyklen und Innovation

Die Produktlebenszyklen haben sich, einer Untersuchung der UBM Unternehmensberatung zufolge, innerhalb von 15 Jahren nahezu halbiert. Die Entwicklungszeiten für neue Produkte haben sich im selben Zeitraum nur geringfügig verkürzt.

Die Erfahrungen aus der Elektronikindustrie sprechen eine noch deutlichere Sprache: „Wer bei einem Produkt mit einem

Lebenszyklus von 5 Jahren nur sechs Monate länger als geplant entwickelt, büßt rund 30% seines Gewinns ein. Bei einem Lebenszyklus von drei Jahren addiert sich der Verlust gar auf satte 50%. Sehr viel geringfügiger als die Zeit schlägt dagegen eine Steigerung der Entwicklungskosten zu Buche" (Fuchs, 1990, S. 40). Mit den Zykluszeiten verkürzt sich die „Halbwertszeit des Wissens". Was gestern noch wichtige (vielleicht patentrechtlich geschützte oder geheimgehaltene) Information war, ist morgen kaum noch etwas wert, Halbwertszeit also durchaus wörtlich zu nehmen: Die Zeit, in der der Wert des vorhandenen Wissens sich halbiert.

Zum Problem wird diese Entwicklung insbesondere dann, wenn die Produktentwicklungszeiten in die Nähe der Zyklusdauer kommen. Wenn sie darunter fallen, ist das Unternehmen ganz einfach zu spät am Markt.

Auf der einen Seite befinden sich viele Unternehmen unter einem steigenden Druck zur Innovation, auf der anderen Seite unter einem wachsenden Kostendruck. Ökonomisch läßt sich das Problem beschreiben als eine sich öffnende Schere zwischen steigenden Investitionskosten und kürzeren Refinanzierungszeiträumen – auch eine Variante des Sprichworts „Zeit ist Geld".

Simultaneous Engineering ist das Zauberwort. Aber wie ist dieses Prinzip zu realisieren in Entwicklungsabteilungen, „wo ein bestimmtes Entwicklungsprojekt nicht von einigen wenigen Personen oder Abteilungen durchgezogen wird, sondern eine Vielzahl von Organisationseinheiten berührt." (Rutt, 1990, S. 64)

Die Konsequenz liegt nicht in der Anpassung des Prinzips an die vorhandene Organisation, sondern umgekehrt: „Wir müssen Überschaubarkeit herstellen (...) Projekt steht hier als Beispiel für ein überschaubares organisatorisches Gebilde" (Blazek, 1991, S. 36)

Im Projekt wird Zeit nicht nur als zu minimierende Größe ins Kalkül genommen, die die Organisation insgesamt schneller macht, sondern auch in ihrer „Struktur", in Phasen, Stufen, Sequenzen, gestaltet. Zeit wird – in einem begrenzten und darum bearbeitbaren Rahmen – qualitativ begriffen.

Internationalisierung

Internationalisierung vollzieht sich durch sich öffnende Märkte, größere Wirtschaftsräume, Abbau von Handelshemmnissen, weiträumigere Standortverteilung der Produktion u.a. Internationalisierung heißt für das einzelne Unternehmen zunächst: Mehr Wettbewerb, größere Konkurrenz. Mit jedem Handelshemmnis, das beseitigt wird, wird der Spielraum enger.

Internationalisierung bedeutet aber auch: Neue Aktionsräume, etwas zu unternehmen. Neue Aktionsräume, die andere Verhaltensweisen erfordern, andere Strategien benötigen, andere Gepflogenheiten kennen. Dort bereits heimische Unternehmen haben, unabhängig von ihrer Produktivität und ihren Transportkosten, jeweils einen komparativen wirtschaftskulturellen Vorteil.

„Die Japaner" sind nur eine Chiffre für eine andere Produktionskultur, die in einigen Branchen und Märkten produktiver arbeitet als die mitteleuropäische oder amerikanische. Die grundsätzliche Konsequenz aus der globalen Öffnung der Wirtschaftsräume ist daher ein tiefgreifender Strukturwandel.

Wie soll aber ein rascher Strukturwandel in gewachsenen Organisationen vonstatten gehen? „Der Lastesel zur effizienten Umsetzung von Neuerung und Änderung ist Projektmanagement – als erfolgreiches Vehikel erkannt, wird landauf, landab Projektmanagement propagiert und eingeführt." (Hirzel, 1989, S. 388)

Marktfragmentierung und Diversifikation

Die Kundenwünsche werden immer differenzierter und individueller. „Wir sind fast so weit, daß sich jeder Kunde ein eigenes Duschgel oder Parfum wünscht" konstatiert Michael Pochhamer, Chef von 4711 (Sinn/Weber 1991, S. 24) Immer kleinere Serien sind effizient zu fertigen mit einem häufig für große Losgrößen aufgebauten, riesigen Produktionsapparat. Für viele, namentlich auf Großserien und Massenfertigung ausgerichtete Unternehmen ist es ein mühsamer Lernprozeß, immer kleinere Segmente unterschiedlich zu bedienen. Strategische Feinabstimmung ist notwendig. Ein ganz anderes Marketingverständnis entwickelt sich parallel dazu. Das Prinzip „Global denken – lokal handeln" gilt auf einmal auch betriebswirtschaftlich. Giants learn to dance.

Kleinere Unternehmen haben es da einfacher: „Ein amerikanisches High-tech-Unternehmen hat sich in 4 Jahren 24 mal umorganisiert, um mit den Veränderungen auf seinen Märkten Schritt halten zu können" (Eccles, 1991, S. 16) Diese Entwicklung ist nicht ganz neu. Sehr viele Unternehmen haben in der Vergangenheit mit marktorientierten Umorganisationen, namentlich mit Divisionalisierung, reagiert. Wollte man weiter auf diese Weise den Markterfordernissen folgen, wäre eine immer weitere Aufsplitterung der Organisation in Produktgesellschaften, Profit Centers und Key Accounts die unausweichliche Folge und damit einhergehend ein überproportionaler Aufwand, die übergreifenden Funktionen effizient aufrechtzuerhalten.

Hier bietet Projektmanagement eine Alternative, die alle Vorteile einer flexiblen marktorientierten Organisation mit unternehmensorientierter Koordination der Aktivitäten verbindet.

Personalentwicklung

Qualifizierte Arbeitskräfte werden knapper; der Kostendruck nimmt stetig zu. In den 15 Jahren von 1970 bis 1985 stiegen im produzierenden Gewerbe der Bundesrepublik Deutschland die Bruttolöhne für tatsächlich erbrachte Arbeit um ca. 170%. Die Personalnebenkosten stiegen im gleichen Zeitraum um ca. 340%, also doppelt so schnell (Czada/Yenal, 1988, S. 283) Kostendruck führt, wenn die Produktivität nicht Schritt hält, zu Einsparungen. Immer weniger Menschen müssen immer mehr

Aufgaben wahrnehmen. Wenn dann wiederum die Arbeitsbedingungen konstant bleiben, sind die Folgen Überlastung und Streß einerseits, Improvisationen, Fehlleistungen und demzufolge weitere Produktivitätseinbußen andererseits. Gleichzeitig verändern sich die Anforderungen an das Personal quantitativ und qualitativ – sie werden größer und vielfältiger.

- Lern- und Arbeitszeit fallen mehr und mehr zusammen.

- Aus- und Weiterbildung ist zunehmend aufgaben- und problembezogen, weniger flächendeckend.

- Die Bedeutung von Generalistenqualifikation nimmt zu, die von Spezialistenqualifikation nimmt ab.

- Lohn- und Gehaltssysteme werden zunehmend leistungsbezogen.

- Personalentwicklungs-Controlling steuert Auswahl, Einsatz und Entwicklung der Menschen im Unternehmen.

Diesen Trends kommt das Projektmanagement entgegen. Es ist zugleich Lernfeld und Problemlösung, im Projekt können sich Spezialisten zu Generalisten entwickeln, der Leistungsbezug ist unmittelbar.

Wertewandel

In den letzten 40 Jahren hat in Gesellschaft und Wirtschaft ein tiefgreifender Wertewandel stattgefunden. Eine wesentliche Tendenz dabei ist die Abkehr von Selbstzwang, Selbstdisziplin und Selbstkontrolle hin zu mehr Selbstentfaltung und Selbstverwirklichung. (Klages, 1984) Eine empirische Studie aus dem Jahre 1990 zeigt die Folgen aus der Sicht der Führungskräfte in Unternehmen auf (Böning/Fritschle/Oefner-Py, 1991):

- Die Mitarbeiter werden anspruchsvoller und individueller. Sie fragen nach der Sinnhaftigkeit ihres Handelns.

- Die Führungsaufgabe selbst verändert sich qualitativ. Adminstrative Aufgaben verlieren immer mehr an Bedeutung. Soziale Kompetenz ist immer mehr gefragt.

- Die Bedingungen im Unternehmen sind andere. Die Spielräume werden einerseits größer (Befugnisse) andererseits enger (Zeit).

- Das Umfeld wandelt sich: Die Kunden werden anspruchsvoller. Einflüsse kommen zunehmend nicht vom Markt.

Der Wertewandel erzeugt in den Unternehmen ein doppeltes Spannungsfeld, nämlich nach innen und nach außen. Projekten kommt hier wiederum eine hohe Bedeutung zu, denn sie sind gerade am Schnittpunkt dieser Spannungen angesiedelt – sie richten sich an den Kunden und an das eigene Unternehmen und sind so nicht nur Vehikel, sondern auch Orte des Wandels.

Fazit: Die Zeiten, in denen sich Unternehmen und Management auf einen oder wenige Engpaßfaktoren konzentrieren konnten, sind vorbei. Das Unternehmen als Ganzes ist der Engpaß.

Die aufgezählten Tendenzen wirken natürlich zusammen und verstärken sich teilweise. Ebenso kommen die aus einem Aspekt sich ergebenden Konsequenzen auch anderen Trends entgegen:

- Die flexible Organisation weist in den Hauptbearbeitungszeiten Einbußen auf, aber in den Nebenzeiten Effizienzsteigerungen. Dies ist vorteilhaft, weil es immer mehr auf relativ kleine Losgrößen und hohe Produktvielfalt ankommt.

- Die steigende Generalistenqualifikation der Mitarbeiter ermöglicht die Integration von Stellen zu Teams.

- Die steigende Verantwortungsbereitschaft der Mitarbeiter infolge des Wertewandels ermöglicht die Dezentralisierung, die den Erfordernissen nach Flexibilität, Schnelligkeit und Vielfalt entgegenkommt.

Der Anpassungsprozeß an die rasanten Veränderungen muß über ein Vehikel gehen, das

- das Unternehmen „da abholt wo es ist" und kontinuierlich weiterführt
- den neuen angezielten Zustand gleichwohl vorwegnimmt und verkörpert
- die Arbeits- und Überlebensfähigkeit zwischenzeitlich sicherstellt.

Projektmanagement – das wurde schon vereinzelt deutlich – ist ein Konzept, das diesen Anforderungen genügt.

Abbildung 2: Synopse: Die Herausforderungen an die Unternehmen

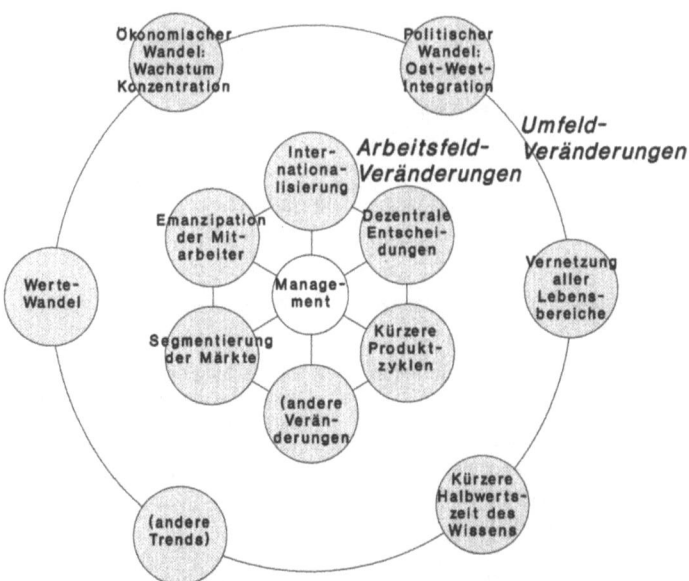

Sieben Problemkreise im Projektmanagement

Projektmanagement ist eine sinnvolle Antwort der Unternehmen auf veränderte Umfeldbedingungen und neue Herausforderungen. Projektmanagement bietet eine Reihe von Chancen, den notwendigen Wandel ökonomisch, sozial und kulturell verträglich zu vollziehen. Es birgt aber auch eine Reihe von Risiken, die diese Chancen wieder zunichte machen können. Tabelle 1 stellt beide einander gegenüber.

Tabelle 1: Chancen und Risiken des Projektmanagements

Chancen	Risiken
■ Erhöhte Flexibilität und Manövrierfähigkeit der Projektmannschaft im Unternehmen	■ Unklare Kompetenzverteilung im Projektteam, Zersplitterung der Aktivitäten, hoher Koordinationsaufwand
■ Aufgabenangemessene Sachergebnisse von hoher Qualität	■ Anbindung an das Unternehmen nicht hinreichend klar
Vernetztes, bereichsübergreifendes Denken, Freisetzen von Synergien	Machtkonflikte durch neue Weisungsstrukturen
■ Integration von Einzelergebnissen in den Unternehmenszusammenhang	■ Betriebliche Unruhe durch Neuordnung der Machtverhältnisse
■ Entlastung des Top-Managements	■ Verselbständigung der Projekte
■ Entscheidungen fallen dezentral, problem- und zeitnah	■ Überlastung der Projektmitarbeiter durch weiter wahrgenommene Linienfunktionen
■ Größeres Verantwortungsbewußtsein, Engagement und unternehmerisches Denken bei den Projektmitarbeitern	

Problemkreise

In der Praxis scheinen die Risiken eher zum Tragen zu kommen als die Chancen. Die Projektrealität ist unbefriedigend:

- Nur bei etwa jedem dritten Projekt werden effektive Management-Methoden eingesetzt (Plasket 1986)

- Die Ursachen für Projektmißerfolge und Projektstörungen liegen zu ca. 80% im Bereich von Politik und den menschlichen Faktoren (Fendrich 1991)

- Kostenüberschreitungen sind an der Tagesordnung

- Terminüberschreitungen sind ebenfalls der Normalfall

- Viele Projekte laufen und laufen und laufen, ohne daß ein Projektende abzusehen wäre.

- Viele Projekte wachsen inhaltlich aus, wuchern über die ursprüngliche Zielsetzung hinaus und verlieren Linie und Orientierung.

Tabelle 2 stellt kursorisch und ohne Anspruch auf Vollständigkeit Problemfelder des Projektmanagements zusammen. Zum Teil sind diese aus der Fachliteratur zusammengetragen worden (Mühlfelder/Nippa, 1989), zum Teil stammen sie von Teilnehmern an Projekt-Hearings, die wir selbst durchgeführt haben. Die Gliederung in die vier Problemebenen Methoden, Organisation, Verhalten und Einstellung folgt einer Taxonomie Blazeks und gibt die unterschiedliche Tiefe der Problembereiche wieder: Die Methoden können noch am schnellsten und einfachsten verändert werden; die Einstellungen dagegen am langsamsten und schwierigsten.

Dies macht deutlich, daß dem menschlichen Faktor mindestens ebenso großes Gewicht beizumessen ist, wie dem sachlichen. Wenn nämlich Einstellungen und Verhaltensweisen kontraproduktiv sind, nützt das raffinierteste und ausgefeilteste Instrumentarium nichts. Die Tabelle vermittelt den Anschein, man könne nun – unabhängig vom Schwierigkeitsgrad und der Lang-

Tabelle 2: Problemfelder im Projektmanagement

Methoden	Organisation	Verhalten	Einstellung
– Software nur zur Planung und Steuerung, nicht qualitativ eingesetzt – Kompatibilität der Methoden nicht beachtet – Schulungsdefizite – Mechanistische Methoden laufen kreativem Projektverständnis zuwider – Phasenmodelle passen nicht zum tatsächlichen Verlauf	– Hohe Wiederholungsrate von Arbeitsschritten – Unzureichend definierte Kompetenzen – Unzureichende Koordination – Vernachlässigung informeller Bedingungen (Kommunikation, Information) – Ungenaue, widersprüchliche, z.T. unrealistische Zielsetzungen	– Rechtfertigungsverhalten statt Problemlöseverhalten – Destruktives Verhalten, Kränkungen, Angriffe – Wenig Abstimmung – Nichteinhalten von Absprachen – Langwierige Suchprozesse – Rückzug in Nischen und Verselbständigung – Fehlende Verhaltensqualifikation – Widersprüchliches Rollenverhalten – Unkontrollierte Gruppendynamik	– Kein Team, sondern ein Haufen Einzelkämpfer – Wenig Fähigkeit, Distanz aufzubauen, andere Perspektiven einzunehmen – Geringe Empathie – Wenig Eigenverantwortung dem Projekt gegenüber – "Die Umstände sind schuld" – Fehlende ganzheitliche Sichtweise – Neuerungsbarrieren, Beharren – Angst vor Mißerfolg

Abbildung 3: Manche Projekte gehen an den Erwartungen vorbei

Was eigentlich gebraucht wurde

Was die Zielgruppe gerne gehabt hätte

Wie es das Planungsbüro konzipierte

Was die Budgetierung maximal zuließ

Wie es das Projekt-Team realisierte

wierigkeit einer Maßnahme – an einem x-beliebigen Feld ansetzen, das Problem über kurz oder lang abstellen und sich dann einem weiteren zuwenden. Diese Auffassung ist jedoch zu einfach; sie verstellt den Blick für die Dynamik, die problematische bzw. pathologische Projektsituationen stabilisiert oder sogar verstärkt. Eine Dynamik, die auch in einem Projekt steckt, das durch widerstreitende Interessen blockiert ist, oder in einem, das vor sich hin dümpelt.

Wir greifen im folgenden ein Pathologien-Muster von Scholz auf, und stellen es in einen dynamischen Wirkungszusammenhang, der sich selbst verstärkende Projektschwierigkeiten verdeutlicht. Die gezeigten sieben Mechanismen haben die Gestalt von Regelkreisen. In jedem Mechanismus wirken die Einstellungen der

Projektmanagement

Projektbeteiligten entscheidend auf den Verlauf ein: Pathologische Einstellungsmuster wirken als Wahrnehmungsfilter; sie verstärken gewünschte Eindrücke und wehren unerwünschte ab. Beim Projektteam entsteht ein gefiltertes Bild vom Projekt. Auch das Verhalten bezüglich des Projekts ist selektiv und entspricht den aufgrund der Einstellung bevorzugten Neigungen. Das Projektergebnis wird zum einen der Projektleitung zurückgemeldet – sie verarbeitet es auf ihre Weise und greift steuernd ein. Beides – sowohl das Ergebnis als auch der Steuerimpuls werden von der Gruppe wiederum selektiv wahrgenommen und verstärken letztlich Einstellung, Vorstellung und Verhalten.

Abbildung 4 skizziert den allgemeinen Mechanismus; Tabelle 3 spezifiziert die Einstellungen, Vorstellungen, Verhaltensweisen und Projektfolgen die sieben folgenden Muster:

- Großartigkeitswahn (dramatisch) → Auswucherung des Projekts,

- Hilflosigkeitswahn (depressiv) → Versanden des Projekts,

- Verfolgungswahn (paranoid) → Projekt wird zum Dauerläufer,

- Abkopplungswahn (schizoid) → Projekt führt Eigenleben,

- Kontrollwahn (zwanghaft) → Erstarrung des Projekts,

- Verfolgungswahn (hysterisch) → Dahindümpeln des Projekts,

- Zerstörungswahn → Scheitern des Projekts.

„Die Gefahren, die von unerkannten pathologischen Projektkulturen ausgehen, liegen auf der Hand. Sie beginnen bei Frustration einzelner Projektmitarbeiter und reichen über nicht eingehaltene Termine beziehungsweise Budgets bis hin zum totalen Scheitern von Projekten. Geht man ferner davon aus, daß häu-

Problemkreise

fig wichtige Projekte zudem Signal- und Vorbildcharakter tragen, so führen pathologische Projektkulturen leicht zu einer Pathologisierung von ganzen Unternehmensbereichen." (Scholz, 1991, S. 148)

Wir haben in diesem Abschnitt die menschliche Seite des Projektmanagements besonders betont, weil vorhandene Einstellungen und Motive das Projektgeschehen ebenso prägen wie die Projektorganisation oder das formale Instrumentarium. „Organisationsentwicklung braucht auch Bewußtseinsentwicklung, die Entwicklung des Bewußtseins dafür, daß neue Einstellungen und Verhaltensweisen notwendig sind. Man muß es ertragen, die einfache Lösung nicht in der Tasche zu haben." (Blazek, 1991, S. 96).

Abbildung 4: Grundmuster pathologischer Projektdynamik

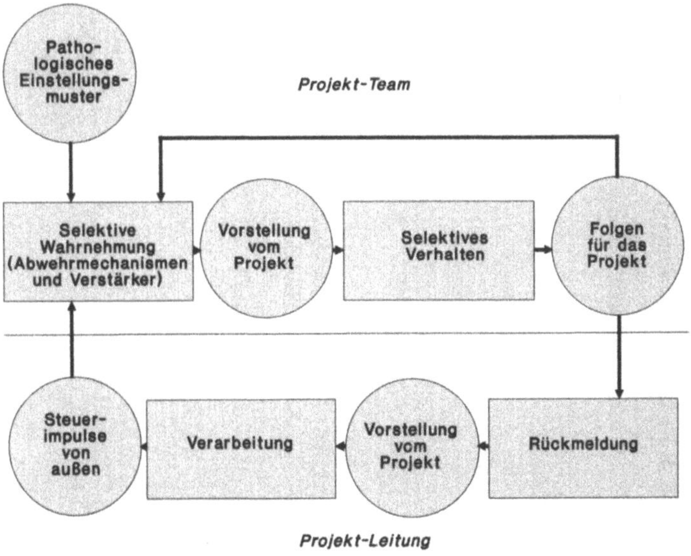

Tabelle 3: Pathologische Projektdynamik: 7 Grundmuster

	Einstellungen	Vorstellungen	Verhalten	Projekt-Ergebnis
1. Großartig-keitswahn (dramatisch)	– niedriger Selbstwert – hohe Leistungs-motivation – Einzelkämpfertum – Machtanspruch – geringe Selbstdisziplin	„Es kann nichts schief-gehen" „Hurra - ein Problem!" Der Einzelne ist der Gruppe überlegen	– Einzelaktionen – Risikofreude – Tüfteln am Detail – Vernachlässigen wichtiger Aspekte – Hoher Einsatz – Improvisation	– Ineffizienz – Keine Vernetzung – Zeitverlust – Folgeprobleme – Qualitätsverlust – Auswuchern des Projekts
2. Hilflosigkeits-wahn (depressiv)	– niedriger Selbstwert – niedrige Leistungs-motivation – starr, tradiert – Apathie	„Was interessiert mich das Projekt?!" „Projekt ist ein not-wendiges Übel" „Wir erreichen das Ziel sowieso nicht"	– Vermeidungsverhalten – Beschränkung auf das Notwendigste – Routinen bevorzugt – Rückzug – Passives Verhalten	– Nichterfüllung der Projektziele – Versanden des Projekts

Problemkreise

Tabelle 3 (Fortsetzung)

	Einstellungen	Vorstellungen	Verhalten	Projekt-Ergebnis
3. Verfolgungswahn (paranoid)	– niedriger Selbstwert – Mißtrauen – Aggression – Konservative Einstellung	„Das Projekt ist unser Gegner" „Wir müssen das Projekt bezwingen"	– autoritär – kontrollierend – bürokratisch, formalistisch – blockierend – viele Meetings	– Zeitverluste – Termindruck – Projekt wird zum Dauerläufer – Ressourcenverbrauch hoch
4. Abkopplungswahn (schizoid)	– niedriger Selbstwert – hohe Leistungsmotivation – Ambivalenz	„Das Projekt überfordert uns"	– Laissez-faire – Jeder macht, was er will – Aktionismus	– Projekt führt Eigenleben – Gerüchte – Ergebnis geht an Erwartungen vorbei – Erwartungsdruck steigt

EDITION – GABLERS MAGAZIN

Tabelle 3 (Fortsetzung)

	Einstellungen	Vorstellungen	Verhalten	Projekt-Ergebnis
5. Kontrollwahn (zwanghaft)	– niedriger Selbstwert – hohe Leistungsmotivation – keine ganzheitliche Sicht	„Nur kein Chaos"	– Überorganisation – Regelfetischismus – Hoher Instrumenteneinsatz	– Projekt erstarrt in Formalismen – Blockaden – Kleine Abweichungen führen zu großer Verwirrung
6. Verfolgungswahn (hysterisch)	– niedriger Selbstwert – Angst vor Mißerfolg – Schuldgefühle	„An uns liegt's nicht, wenn's schiefgeht"	– Niemand übernimmt Verantwortung – Schuldzuweisungen – Ausweichendes Verhalten	– Projekt dümpelt vor sich hin
7. Zerstörungswahn	– niedriger Selbstwert – Mißtrauen – Aggression	„Das Projekt taugt sowieso nichts"	– Entscheidungen werden torpediert – Absprachen werden nicht eingehalten	– Das Projekt scheitert

Problemkreise

Will man Projektmanagement gestalten, muß man auf allen vier Ebenen ansetzen, dann bedeutet M-O-V-E tatsächlich Bewegung und Fortschritt. Das aber geht nur in einem gemeinsam getragenen Prozeß.

Die Chancen und Risiken, die im Projektmanagement stecken, liegen in dem Wort Durcheinander.

- In der negativen Bedeutung riskiert man den Projekterfolg durch Chaos und Desorientierung. Keiner blickt mehr durch. Alles geht kreuz und quer.

- In der positiven Bedeutung liegt die Chance, durch einander wechselseitig zu gewinnen.

Was uns zur Gestaltung des Projektmanagments allerdings fehlt ist ein Bild, das alle Aspekte enthält und doch als Ganzes begreifbar ist. Ein Bild, das man durchwandern kann. Ein Bild, das man als Projektmanager und als Projektteam vor Augen hat.

2. Das Helogramm oder: Die sieben Dimensionen des Projektmanagements

Die Grundidee: Ganzheit und Vielfalt begreifen

Projekte werden eingerichtet, um Aufgaben zu lösen, die nicht trivial sind. Technische, organisatorische, wirtschaftliche, politische, gruppendynamische und viele andere Gesichtspunkte müssen beachtet werden. Vor diesem vielschichtigen Hintergrund sind die oben aufgezählten Probleme, die das Projektmanagement vielerorts hat, zu sehen. Sie erscheinen vor allem durch zwei „durchgängige" Mängel bedingt:

Traditionell legt das Projektmanagement sein Schwergewicht auf Organisationsstrukturen, Phasenabläufe und formale Methoden. Es geht von einem Managementverständnis aus, das stark rational und technokratisch orientiert ist. Hier werden also insbesondere die sachlich-planerischen Aspekte von Projekten berücksichtigt (z.B. durch Netzplantechnik, Nutzwertanalyse u.a.) und weniger die machtpolitischen oder gruppendynamischen. Dieses Herangehen hat dazu geführt, daß Projekte eher als „Problemlösungs-Maschinen" denn als lernende sozio-technische Systeme angesehen werden.

„Wenn im Unternehmen neue Systeme eingeführt werden, wie flexible Fertigungskonzepte oder integrative Kommunikationstechnik in Büro und Fabrik, dann stehen offenbar am Ende solcher Bemühungen organisatorische Zustände mit einem erhöhten Grad an Flexibilität und Anpassungsfähigkeit. Das Neue ist die gewonnene Offenheit, vor allem das gewonnene Umgestaltungspotential innerhalb der Organisation. Wenn offene Systeme und die ständige Fähigkeit zum Wandel das Ziel sind, dann kann aber der Weg dahin nicht streng deterministisch verlaufen." (Balck, 1989, S. 4-5)

„Klassisches Projektmanagement ist angetreten, unnötiges Chaos einzudämmen oder zu vermeiden. Bis heute besteht hierfür sogar wachsender Bedarf. Der so erklärbare anhaltende Siegeszug des branchenübergreifenden Berufsfeldes Projektmanagement gerät aber in ein Dilemma, wenn die auf Chaosreduktion gerichteten Methoden und Instrumente auf unvermeidbares oder gar auf schöpferisches Chaos angewendet werden sollen." (Balck, 1989, S. 4-5)

Die Erfahrung zeigt, daß aus dem traditionellen Ansatz heraus geführte Projekte in der Tat wenig krisenstabil sind. Nur geübte, erfahrene Projektleiter sind in der Lage, mit einem formalen Instrumentarium und ihrer eigenen Führungsfähigkeit Krisenphasen zu bewältigen. Sie beherrschen anscheinend die Kunst, ein Projekt im Griff zu behalten. Aber ist es wirklich eine Kunst, für die man einen Zugang von innen heraus braucht, so etwas wie Talent oder natürliche Begabung – oder ist es nicht mindestens in gleichem Maße erlernbares Handwerk?

Wir meinen, es ist erlernbares Handwerk. Die Komplexität von Projekten ist hoch, aber gleichwohl methodisch erfaßbar und steuerbar. Voraussetzung dafür ist, daß man den Wald und die Bäume sieht, das Ganze und die Details. Wobei dieses nicht gleichzeitig geschehen kann, sondern nur im Wechsel der verschiedenen Brennweiten und Perspektiven, mit denen auf ein Projekt geschaut wird. Unser Konzept beruht darauf, daß das ganze Projekt aus verschiedenen Blickwinkeln heraus gesehen werden kann. Jede Perspektive eröffnet eine andere Sicht auf die Details. Alle Aspekte wirken zusammen und sind immer "da". Aber nicht alle sind gleichzeitig im Bewußtsein der mit dem Projekt befaßten Personen. In den meisten Fällen sind den Beteiligten eine, manchmal zwei, in seltenen Fällen drei Perspektiven bewußt. Und genau darin liegt die Schwierigkeit von Projektarbeit, die einerseits erklärt, warum so viele Projekte zur

Die Grundidee

Krise tendieren und die andererseits die Chance zur Verbesserung ist. Der Schlüssel zum erfolgreichen Projektmangement ist das Bewußt-Sein der Beteiligten im Projekt und für das Projekt.

Fehlendes Bewußtsein oder selektive Wahrnehmung bedeuten hingegen, daß die Realität vereinfacht gesehen und entsprechend gehandelt wird. Dieser Mechanismus ist sinnvoll, weil er vor der Überlastung des individuellen menschlichen Denkapparates schützt. Er wird gefährlich, wenn sich grundlegende Charakteristika der Umwelt bzw. des Umfeldes ändern, so daß die erworbenen Mechanismen und Strategien nicht mehr zum Überleben taugen.

„Psychologische Experimente und Simulationsstudien haben klar gezeigt, daß Versuchspersonen, die mit hoher Komplexität konfrontiert sind, zu ganz typischen Verhaltensmustern neigen. Sie reagieren mit Angst und Unsicherheit, ihr Blickfeld verengt sich auf wenige, scheinbar geeignete Faktoren, ein Großteil der an sich verfügbaren Informationen wird ignoriert, die Suche nach anderen Problemlösungsmöglichkeiten und alternativen Entscheidungen wird fast gänzlich eingestellt und sie neigen zu sehr direktiven und starren Eingriffen in das Systemgefüge. Dies sind untaugliche Mittel, um ein komplexes System unter Kontrolle zu bringen." (Malik, 1989, S. 109)

„Angesichts dieser Forschungsresultate überrascht es nicht, daß viele Manager dazu neigen, Systeme für die sie verantwortlich sind, so zu behandeln, als wären sie einfach. Gegen diese Strategie ist selbstverständlich dann nichts einzuwenden, wenn die tatsächlichen Gegebenheiten wirklich einfach sind. Dieses „So-als-ob-Verhalten" muß aber scheitern, wenn die Realität der Führungskraft von hoher Komplexität gekennzeichnet ist. Hat man einmal die Grenzen des technomorphen Denkens und die limitierte Reichweite der dazugehörenden Methoden erkannt, so kann man Komplexität eben auch als Chance verstehen." (Balck, 1989, S. 5)

Projektmanagement ist aber, wie wir gesehen haben, gerade eine Antwort auf veränderte und komplexer gewordene Umfeldbedingungen für Unternehmen. Daraus folgt zwingend, daß sich Projektmangement von vereinfachenden, komplexitätsreduzierenden Organisationsformen, Verfahren und Instrumenten lösen muß!

Nach den Gesetzmäßigkeiten der Systemtheorie kann ein System nur erfolgreich sein – also langfristig überleben –, wenn es die Komplexität seiner relevanten Umwelt adäquat abbilden und verarbeiten kann. Auf ein Projekt bezogen heißt das: nur wenn die tatsächliche Komplexität vom Projektteam wahrgenommen und verstanden wird, ist es möglich, das Projekt auch erfolgreich zu planen und zu steuern. Wir sind der Auffassung, daß all das, was in Projekten geschieht, was gedacht, geplant, durchgeführt, diskutiert und erreicht wird, in sieben voneinander unabhängigen „Dimensionen" dargestellt werden kann:

- Basisfunktionen im Projektmanagement
  (Was geschieht durch wen?)

- Phasen des Projektprozesses
  (Wann geschieht was?)

- Erfolgsfaktoren des Projektmanagements
  (Wodurch gewinnt das Projekt?)

- Handlungsebenen des Projektmanagements
  (Wo vollzieht sich was?)

- Projekt-„Philosophie"
  (Woran orientiert sich das Geschehen?)

- Ziele und Themen des Projekts
  (Wozu führt das Projekt?)

- Mittel und Wege des Projektmanagements
  (Womit wird gearbeitet?)

Jede der genannten Dimensionen für sich genommen ist bekannt und daher nichts Neues. Es ist die Wissensbasis, auf der

Die Grundidee

gelernt werden kann. Neu ist hingegen die Zusammenschau bzw. das Bewußtsein für die Zusammenhänge und für das Zusammenwirken. Und daraus erwachsen dem Projektmanager wie dem Projektteam entscheidende Vorteile:

- Das Verständnis der Vielschichtigkeit erlaubt z.b., in Sackgassen des Projektverlaufs die Ursachen für das Steckenbleiben auf verschiedenen Ebenen zu suchen. Dadurch wird vermieden, daß auftretende Probleme unter Aufbietung großen Energie- und Zeitaufwands mit falschen Ansätzen bekämpft werden.

- Die Kenntnis verschiedener Perspektiven ist ein gemeinsamer Orientierungsrahmen für das Projektteam. Dieser Rahmen ermöglicht ein besseres Verständnis darüber, auf welcher Ebene der andere denkt, argumentiert und handelt.

- Für die Zusammenarbeit in Projektteams läßt sich ableiten, daß nicht jedes Mitglied jederzeit alle Ebenen im Kopf haben muß. Es reicht aus, wenn die Perspektiven jeweils bei einem Teil bewußt wahrgenommen und verarbeitet werden. In einem funktionierenden Team kann auf diese Weise die Komplexität wie in einer „verteilten Datenbank" gespeichert werden. Voraussetzung zur Nutzung der im Team verfügbaren Informationen ist jedoch das Vorhandensein eines funktionierenden Datenaustauschs – d.h. einer störungsfreien und geregelten Kommunikation.

Die bildhafte Darstellung von sieben Dimensionen ist freilich unmöglich. Wir haben auf den Buchseiten je zwei und im Kopf maximal drei räumliche Dimensionen zur Verfügung und müssen uns deshalb mit Annäherungen begnügen. Die Idee eines Hologramms gibt vielleicht am besten die Richtung des Denkens wieder: Sie betrachten ein zweidimensionales Bild von verschiedenen Seiten, gehen um das Bild herum, schauen von oben und von unten und nehmen dabei drei Dimensionen wahr.

Etwas ähnliches wollen wir mit diesem Kapitel erreichen: Den Blick öffnen für sieben Dimensionen, die man nicht gleichzeitig sehen kann, aber erahnen. Das Vertrauen darauf stärken, daß man die Ganzheit und die Vielfalt damit erkennen, begreifen und zuletzt gestalten kann. Und: Den Kopf so weit verwirren, daß Platz entsteht für eine neue Vielschichtigkeit und für einen Bewußt-Seins-Wandel.

Projektmanagement-Funktionen

Nehmen wir an, Sie haben sich vorgenommen, einen Tag Ihres Lebens wirklich einmal zu projektieren. Dann nehmen sich jetzt einmal zehn Minuten Zeit, lesen noch einmal den Prolog und schreiben dann alles in die nebenstehende Tabelle, was Ihnen an Aufgaben und Tätigkeiten für heute oder morgen in den Sinn kommt. Beachten Sie dabei folgendes:

Schreiben Sie unabhängig von zeitlicher Reihenfolge und logischer Abhängigkeit alles auf, was sie sich heute oder morgen vornehmen (z.b. frühstücken), wer dabei jeweils mitwirkt (gute Freunde), was dazu benötigt wird (mindestens Kaffee und Schokolade) und was direkt zuvor geschehen sein muß (Aufstehen). Um diese Vorgänger-Nachfolger-Beziehungen möglichst einfach zu erfassen, bezeichnen Sie jedes Vorhaben mit einer Identifikation (ID) und tragen in die Spalte „Was muß zuvor geschehen?" nur noch das entsprechende Kürzel ein.

Ganz abgesehen davon, daß Sie mit einer solchen Vorgangsliste die Grundlage für eine perfekte Projektplanung gelegt haben (nach den einleitenden Bemerkungen sind Sie ja gegenüber Formalismen vorsichtig genug), können Sie die Aufgaben jetzt nach Ihrem Belieben und nach verschiedenen Gesichtspunkten sortieren. Zum Frühstück gehören einerseits ganz handfeste Dinge, wie Tisch decken, Kaffee kochen und Brot schneiden, aber auch das Nachdenken darüber, was alles dazugehört, wo es zu finden ist usw. Sie sehen: Das Teilprojekt Frühstück weitet sich allmählich zu einer bedeutenden Angelegenheit aus. Mit anderen Worten: Wenn Sie gefrühstückt haben, werden Sie einen

Funktionen

ID	Was ist zu tun	Wer wirkt mit	Was wird benötigt	Was muß zuvor geschehen

Meilenstein Ihres Tages bereits erreicht haben. So einfach ist das. Mit dem Angenehmen verbindet sich das Nützliche: Noch frühstückend, unterscheiden Sie bewußt Durchführungsaufgaben und Managementaufgaben. Arbeiten ist das eine, Planen und Organisieren das andere.

Speziell die Management-Aufgaben weisen darüber hinaus noch eine Feinstruktur auf: Erstens: Sie haben Ideen, wie Sie den Tisch decken. Zweitens: Sie greifen auf Ihr Wissen zurück, was alles im Kühlschrank ist. Drittens: Sie organisieren den Zugriff auf Teller und Tassen. Viertens: Sie führen Ihre Freunde zum Tisch. Und allein das Eierkochen benötigt fünftens ein Controlling, das drei Regel- und Steuersysteme integriert, nämlich den Herd, die Eieruhr und Ihr körpereigenes sensumotorisches System.

Und weil wir uns hier mit Projekt-Management befassen, geht es im folgenden um diese einzelnen Management-Funktionen. Nichts ungewöhnliches also: Wie im Alltag sind in jedem Projektmanagement einzelne Funktionen enthalten. Funktionen sind prinzipiell voneinander getrennt bearbeitbare, aber sich gleichzeitig vollziehende und aufeinander bezogene, zusammenwirkende Teilaspekte der Gesamtaufgabe. Der Sinn, Projektfunktionen zu unterscheiden, liegt in der Arbeitsteilung, die dadurch möglich wird. Auch für den erfahrenen Projektmitarbeiter ist das nichts Neues. Projektstrukturpläne gliedern die Gesamtaufgabe entweder objektorientiert (Beruf, Haushalt, Gesundheit, Familie, ...) oder funktionsorientiert (Denken, Schreiben, Fahren, Produzieren, ...) in bearbeitbare Teilaufgaben.

Infolgedessen stehen hinter jeder Funktion Menschen. Man kann die Aufgaben differenzieren, gliedern, zerteilen wie man will – irgendjemand muß sie erledigen. Möglicherweise erfüllen stets dieselben Menschen dieselben Funktionen. Möglicherweise wechseln sie sich dabei ab. Projekte bieten gerade hierzu vielfältige Möglichkeiten. Zu einem bestimmten Zeitpunkt ist jedoch genau zu lokalisieren, wer welche Funktion wahrnimmt. Wieviele Funktionen zu unterscheiden sind und wie scharf die Abgrenzung sein muß, ist ein taxonomisches Problem und als solches letztlich eine Frage der Konvention. Wir unterscheiden im folgenden fünf Basisfunktionen, die sich in unserer praktischen Arbeit als Orientierungshilfe und Ansatzpunkt für unterstützende Maßnahmen bewährt haben:

- *Generieren:* Ideen finden in hochproduktiven Gruppensituationen durch mediengestütztes methodisches Vorgehen, angemessene Prozeßsteuerung und simultane Informationsverarbeitung.

- *Strukturieren:* Zugriffsgerechtes Speichern und dynamisches Weiterentwickeln des einschlägigen Fakten- und Methodenwissens; Strategien zur Wissensbeschaffung und Wissensnutzung.

- *Organisieren:* Schaffen von Netzwerk-Strukturen der Zusammenarbeit; Methoden zur persönlichen Arbeitsorganisation und zur Kooperation im Team.

- *Voranbringen:* Verantwortungsvolles Durchsetzen von Entscheidungen vor dem Hintergrund oft widersprüchlicher Anforderungen, Ziele und Erwartungen.

- *Regeln:* Konsequente Orientierung der Projektarbeit an quantitativen und qualitativen Zielen.

Die fünf Basisfunktionen – Generieren, Strukturieren, Organisieren, Voranbringen und Regeln – finden sich, wie gesagt, in jedem Projekt. Es gibt sie auch in jeder anderen Organisationsform und -weise. Das Besondere an ihnen im Rahmen des Projektmanagements ist das folgende (auch das klang schon an):

- Es gibt keine präzisen Vorgaben, wie die Funktionen auszugestalten sind, weil die Aufgabe neu im Sinne von ungelöst und/oder die Lösung unbekannt ist. Es gibt nur Rahmendaten; Zielkorridore, Zeitintervalle, Budgetgrenzen, Meilensteine usw. Innerhalb dieser Bandbreiten haben Sie Spielraum. Nehmen Sie das ruhig wörtlich. Raum zum Spielen, Ausprobieren, Revidieren.

Projektmanagement

- Die fünf Basisfunktionen wirken zusammen: Die Führungsfunktion bringt auch den Prozeß des Generierens voran. Die Moderation des Ideenkreises liefert gleichzeitig Strukturierungshilfen an die Wissensorganisierer und diese geben umgekehrt Impulse an die Ideengeneratoren weiter. Die Projektcontroller geben der Projektführung Entscheidungsparameter in die Hand.

Sie erkennen daran, daß alles mit allem in manchmal verwirrender Vielfalt zusammenhängt. Aber Sie erkennen nach diesem Abschnitt hoffentlich auch, daß Überblick zu gewinnen ist. Abbildung 8 am Ende dieses Abschnitts schafft dazu die nötige Distanz. Die fünf Basisfunktionen können in mehrfacher Weise verstanden werden:

- Sie können ein Netzwerk sein von sich ergänzenden Spezialisten.

- Sie bilden einen lebendigen, sich weiterentwickelnden Organismus.

- Sie sind eine Art Betriebssystem des Projekts.

- Sie sind fünf Ansatzpunkte zur Projektgestaltung

Generieren

Die Funktion des Generierens ist für das Projektmanagement besonders „typisch": Projekte – das war ja eines ihrer konstituierenden Merkmale – beinhalten Aufgaben, die mit Routinen allein nicht zu bewältigen sind. Etwas Neues muß also erfunden, ausgedacht, zusammengebaut, herbeigezaubert – eben generiert werden. Auf Ideen kommt es an.

Und wie kommt man auf neue Ideen? Nun – den Stein der Weisen enthält auch dieses Buch nicht. Auch haben sich zu dieser Frage schon ganz andere Kapazitäten Gedanken gemacht und

Funktionen

ihrerseits generiert. Ergebnis ihrer Anstrengungen ist eine Fülle von Kreativitätstechniken die von philosophisch-esoterischer Versenkung bis zum fertigen Instant-Rezept reicht. Später stellen wir Ihnen ein paar praktikable Techniken zur Ideenfindung vor. An dieser Stelle sind jedoch andere Aspekte wichtig:

Wenn es darum geht, Ideen zu produzieren, sind Gruppen nachgewiesenermaßen dem Einzelnen um ein Vielfaches überlegen. Voraussetzung dafür ist allerdings, daß die Gruppe arbeitsfähig ist – und das ist allein mit der Zusammenkunft nicht getan. Erfolgreiches „Generieren" wird also noch durch sogenannte Hilfsfunktionen unterstützt:

- Zentrale Bedeutung bei der Gestaltung hochproduktiver Gruppensituationen hat die Moderationsmethode. Der Moderator hält die Gruppe im Zielkorridor, sorgt für ein optimales Verhältnis von Entfaltungsmöglichkeiten und Begrenzungen, regelt mit den Beteiligten Spannungen und Konflikte aus usw. Man kann auch sagen, er hält die Gruppe so instabil wie zur kreativen Ideenfindung möglich und so stabil, wie zum Halt des Einzelnen nötig. Es gibt eine ganze Reihe guter Handbücher zur Moderationsmethode (Klebert/ Schrader/Straub, 1984; Böning, 1991), die freilich die Praxis nur anleiten bzw. ergänzen können. Eine weitere Vertiefung ist an dieser Stelle deshalb nicht nötig. Wir gehen davon aus, daß sich die Dichte und Qualität von Meetings, Workshops usw. durch Anwendung der Moderationsmethode erheblich steigern läßt. Auf Befragung in unseren Trainings sind durchschnittlich 40% bis 50% Rationalisierungspotential genannt worden (nicht wissenschaftlich abgesichert). Wir sind der Überzeugung, daß bis zu 100% „Luft" in konventionell-schlecht geführten Besprechungen steckt.

- Mit einer höheren Dichte und Qualität wachsen die Anforderungen an eine simultane Dokumentation. Die Vielschichtigkeit und Komplexität, die sich bei guter Moderation entwickelt, „verpufft", wenn sie nicht festgehalten, strukturiert und zurückgespeist wird. Die Durchlaufzeit eines Projektes ist zu einem gewissen Grad abhängig von der Geschwindig-

Abbildung 5: Moderation, Ideengeneration und Dokumentation

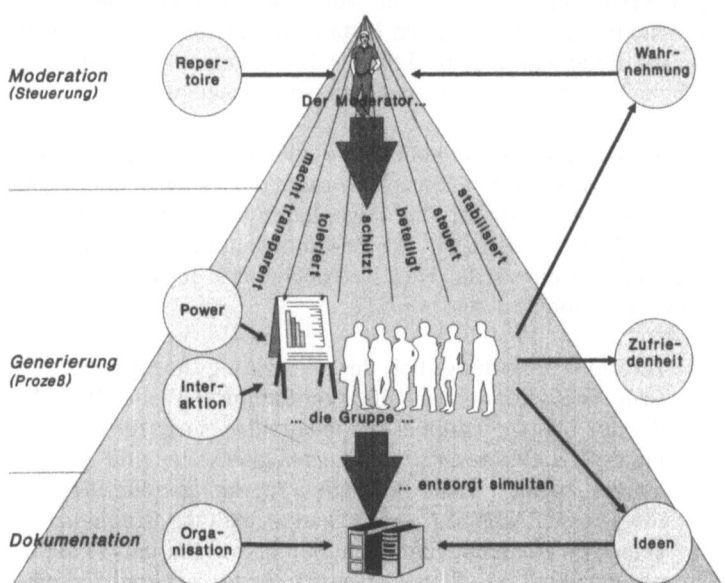

keit, mit der Informationen geordnet, sauber dargestellt und in Umlauf gebracht werden. Verzögerungen in der Bereitstellung von Protokollen oder Gesprächsnotizen wirken sich negativ auf die Weiterbearbeitung der Besprechungspunkte aus. Der Wert einer Information nimmt exponentiell ab mit dem Abstand zum Zeitpunkt ihrer Entstehung – „nichts ist so alt wie die Zeitung von gestern". Umgekehrt nimmt der Aufwand zur Erstellung eines Protokolls oder einer Gesprächsnotiz exponentiell mit dem Abstand vom Zeitpunkt des Ereignisses zu – die Erinnerungslücken werden größer, aktuelle Informationen überlagern den damaligen Erkenntnisstand, die emotionale Verankerung der Sachinformationen ist nur schwer wieder herzustellen.

Funktionen

Fazit: Die zeitnahe Lieferung von Informationen hat Vorteile für den Nutzer wie auch für den Bereitsteller!

Mit Hilfe einiger Grundprinzipien lassen sich die Erkenntnisse und Entscheidungen sichern und so einer sinnvollen Weiterverwendung zuführen:

- Unterstützung des Moderators durch einen Dokumentator, dadurch Entlastung der Gruppenmitglieder, Beschleunigung des Arbeitsprozesses,

- Übertragung von Dokumentationsaufgaben an Gruppenmitglieder, Einrichtung von Phasen zur „Datensicherung",

- Rückmeldung des Dokumentierten noch im Workshop, um Fehler und Mißverständnisse auszuräumen und

- Verteilung der Dokumentation noch während des Meetings.

Nicht zu unterschätzen ist der technische und organisatorische Aufwand für die simultane Dokumentation. Er ist aber in jedem Fall geringer, als bei einer Nachbereitung, die noch einmal das Geschehen von vorn durchdringen und parallel zu anderen Tätigkeiten erstellt werden muß. Welche Energien hier verbraucht werden, fällt nicht so auf, weil der Aufwand sich verteilt, während er bei der simultanen Dokumentation geballt ist.

Wenn Sie für die Generierungsfunktion im Projekt verantwortlich sind, achten Sie auf die folgenden Punkte:

- Klären Sie vor Projektbeginn ab, in welchem Rahmen etwas Neues ausgedacht werden soll. Ein Zielkorridor ist notwendig, wenn das Projekt nicht unkontrolliert ausufern soll.

- Der Raum für das Generieren muß markiert werden. Nicht gerade mit Kreidestrichen, sondern in einem anderen Sinne: Die Situation, in der Kreativität entstehen und sich entfalten kann, muß erst geschaffen werden. Dazu gehören u.a. eine entspannte entspannende Atmosphäre, ein störungsfreies, aber anregendes Umfeld und eine konfliktfreie Gruppe. (Einzelheiten in Böning, 1991, S. 82-86)

- Sorgen Sie dafür, daß nicht zu früh Strukturen zwischen den Ideen generiert werden. Kreativität darf nicht verwechselt werden mit Planen oder Kontrollieren. Lassen Sie Zeit und Raum für Entfaltung.

- Sorgen Sie dafür, daß das Entstehen neuer Ideen und das Entwickeln neuer Verfahren zielführend moderiert und dokumentiert wird. Diese Hilfsfunktionen sichern den Zielkorridor und schlagen die Brücke zur übrigen Projektarbeit.

- Überlegen Sie sich, wer am ehesten für die Funktion des Generierens infrage kommt. Das können Ingenieure sein, das können Sozialarbeiter oder auch Kunden sein.

- Schaffen Sie geeignete räumliche und technische Voraussetzungen, um simultan zu dokumentieren – einen nahe gelegenen Raum als Dokumentationsbüro – sowie ein technisches Equipment, das u.a. aus PC/Notebook mit Drucker, Kopiergerät und Pinwandprotokoller besteht.

Strukturieren

Nichts – auch nicht die kreativste Idee – kommt aus dem Nichts. Weniger philosophisch ausgedrückt: In jedem Projekt gilt es, eine ganze Menge einschlägigen Wissens, relevanter Erfahrungen, bedeutender Assoziationen so zu strukturieren und verfügbar zu machen, daß die Summe des Wissens in der Form einschlägiger Informationen für das Projektziel nutzbar gemacht werden kann.

Das ist natürlich nicht so ohne weiteres möglich: Zunächst passen die vorhandenen Daten und Fakten meist nicht zur Aufgabe, zum Problem, zur angedachten Idee; sie liegen "quer". Greifen wir das Beispiel der Stadtteilsanierung noch einmal auf: Das Katasteramt hat Lagepläne. Bürgerinitiativen haben Forde-

Funktionen

rungskataloge. Die Stadtwerke kennen alle Versorgungsleitungen. Die Nachbarstadt hat ein Finanzierungsmodell. Nichts paßt zusammen. Vieles kommt aus ganz anderen Problemzusammenhängen. Wie wird aus diesem „Wust" an Informationen, der sich machmal ganz konkret in einem „Wust" aufeinander gestapelter und durcheinanderfallender Unterlagen manifestiert, eine zweckmäßige „Wissensbank"?

Um Wissen zu strukturieren, sind vier Fragenkomplexe befriedigend zu beantworten:

1. Wie gliedert man das vorhandene Wissen? Wie organisiert man den Zugriff auf dieses Wissen? Wie gestaltet man effiziente Suchprozesse für Projektteams, die sich aus unterschiedlichsten Nutzertypen zusammensetzen? Die unbefriedigende Antwort lautet: Es gibt kein Patentrezept. Und die befriedigende Antwort lautet: Es gibt eine Reihe richtungsweisender Ansätze, deren gemeinsame Vision es ist, einen Wissensbestand so bereitzustellen, daß jeder nach seinem persönlichen Erschließungsstil sich darin zurechtfindet und effizient vorwärtskommt. Ziel ist die an sich strukturlose Datenbank, die erst durch die Anforderungen des Problems und die Suchstrategie des Benutzers die situationsoptimale Struktur „annimmt".

Bekannt sind die Verfahren des Information Retrieval, die zumeist mit Schlagwörtern, Alphabeten, Zahlen oder Icons arbeiten. Sie werden weiterentwickelt in Richtung auf individuell variable „Navigationshilfen". (vgl. Nauta, 1993)

Weniger bekannt sind Strukturen, die der Benutzer nach dem Prinzip der „Animation Serendibity" erschließen kann. Die Idee besteht darin, daß man genau das, was man sucht, gar nicht findet, aber auf dem Suchweg so viele andere einschlägige und nützliche Dinge findet, daß man getrost auf das ursprünglich Gesuchte verzichten kann. Datenbanken dieser Art bieten also eine Art assoziativer Verknüpfungen zwischen den gespeicherten Informationen. Man kann sie „durchwandern". (Schmitz-Esser)

2. Wie nutzt und verarbeitet man Wissen? Das Problem besteht darin, Informationen überschaubar zu machen, ohne viel Informationen zu verlieren. Ein bekanntes Beispiel ist die statistische Aufbereitung von Zahlenmaterial. Die vollständigste Form der Information sind die Ursprungsdaten. Dies ist zugleich die unübersichtlichste, auch wenn in einer Tabelle die Merkmalsausprägungen je Merkmalsträger optisch klar angeordnet sind. Bei der ersten Verdichtung zu Merkmalsklassen geht die Verteilung innerhalb der Klassen verloren zugunsten einer kürzeren Tabelle. Bei der nächsten Verdichtung zu statistischen Maßzahlen geht die Verteilung selbst weitgehend verloren, aber man hat den Vergleich zu bestimmten Standardverteilungen, die man kennt.

3. Welche Informationen kommen in eine Wissensbank? Und welche nicht? Die optimale Gestaltung des Auswahl- und Filterprozesses ist problemabhängig. Skizzenhaft bleibt deshalb die Abbildung 6. Ungeordnete Informationen kommen in einer Art „Börse" zusammen, erhalten dann eine erste terminologische Struktur, verdichten sich „begrifflich lokal" zu Themengruppen, um die herum sich weitere Begriffe, Konstrukte und Termini scharen. Es entsteht eine Datenbasis und mit der Verknüpfung der genannten Elemente untereinander eine Art Datenbankstruktur.

Während dieses ständigen Prozesses, der Wissen organisiert, durchläuft die Wissensorganisation selbst verschiedene „Stufen", vom chaotischen „Urzustand" bis hin zu geordneten Relationen. Mit jeder Stufe nimmt die Menge der Information ab, der Wert der Information aber zu.

4. Wie „dynamisiert" man Wissen? Das Bild, das man hat, ändert sich im Lauf eines Projekts (mehrfach). Wenn Sie sich zum Beispiel dem Wissen zum Thema Projektmanagement nähern, können Sie das über die Funktionen im Projekt tun (das tun Sie gerade eben). Dann entstehen die hier gezeigten Darstellungen. Sie können aber auch über Projektphasen einsteigen. Dann sehen die Darstellungen desselben Wissens ganz anders aus. Das heißt: Die ständige Revision,

Funktionen

Abbildung 6: Wissensorganisation

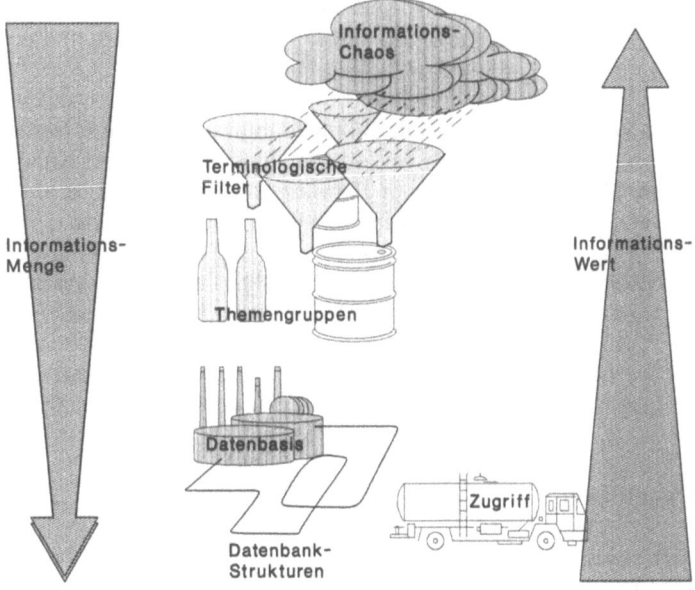

Umordnung, Packung und Entpackung des Wissens sollte möglich sein. Und das leisten bis heute sehr wenige Systeme. Das gute alte Lexikon ist damit jedenfalls überfordert. Und auch dieses Buch ist statisch, weil es keine Entwicklung über das hinaus ermöglicht, was drinsteht.

Die aufgezählten Aspekte sind Teilfunktionen der Wissens-Strukturierung. Von Lernen und Wissen wird im Verlauf der Lektüre in verschiedenen Zusammenhängen noch öfter die Rede sein. Zunächst ist einfach wichtig, die Funktion des Strukturierens sinnvoll im Projektmanagement zu installieren.

Wenn Sie im Projekt für die Funktion des Strukturierens Verantwortung übernehmen, bedenken Sie folgendes:

- Überlegen Sie sich auch hier, welche Personen oder Institutionen für Strukturierungsaufgaben infrage kommen. Fachexperten (Spezialisten) sind eine Wahl, sie verstehen Informationen inhaltlich. Querdenker (Generalisten) eine andere, sie verknüpfen Informationen.

- Sorgen Sie dafür, daß der aktuelle Informationsstand transparent und abrufbar ist. Allgemeines Informations-Chaos ist phasenweise zulässig. Hervorragend aufbereitetes, aber unzugängliches Wissen nützt dagegen überhaupt nichts.

- Wichtig ist, ein gemeinsames Bild des Projekts zu bekommen und ein gemeinsames Bewußtsein für das Projekt zu entwickeln. Das Organisieren des einschlägigen Wissens ist hierfür ein Medium. Dabei sind sowohl gruppendynamische Aspekte angesprochen als auch technisch-instrumentelle.

Organisieren

Spätestens, wenn das Kreativteam seit Wochen vor Ideen sprudelt und nebenan die Expertenrunde eine Informationsbank von mehreren hundert Gigabyte aufgebaut hat, beide Gruppen aber nichts voneinander wissen, wird Ihnen klar, daß eine dritte Funktion funktionieren muß: das Organisieren.

Gemeint ist das Verteilen von Aufgaben auf Bearbeiter, das Abstimmen der Arbeiten aufeinander und das Wiederzusammenführen der Arbeitsergebnisse. Aus der Organisationstheorie kennen wir diese Definition als funktionalen Organisationsbegriff (den instrumentellen finden Sie in Kapitel 4, den strukturellen im Abschnitt Aufbauorganisation)

Organisieren bedeutet zunächst: Dinge fixieren, Abläufe fest regeln. Routinen schaffen. Also doch etwas, an das man sich halten kann im flexiblen, chaotischen, komplexen Projektmanagement. Organisieren heißt aber in diesem Kontext auch: Immer wieder verändern, neu bestimmen, widerrufen. Gerade das Projektmanagement wird mehr und mehr zur Gestalt eines Organi-

Funktionen

sationsparadigmas, das die herkömmliche hierarchisch aufgbaute Organisation ablöst, zumindest in ihrer Funktionalität für komplexe Aufgaben nachhaltig infrage stellt.

„At the center of this is the view that a firm together with its context is a self-organizing system ..." (Malik/Probst, 1982, S.156) Für diese Orientierung sprechen drei Argumente:

- Sobald die Komplexität einer Aufgabe bestimmmte Grenzen überschreitet oder sobald ein ganzer Organismus sich an eine veränderte Umwelt anpassen muß, sind nur noch polyzentrische, selbstorganisierende Systeme (Modell: Fußballmannschaft) in der Lage, zu managen und nicht mehr hierarchisch-zentrale Systeme (Modell: Schiffsbesatzung).

- Die „Spiel"-Regeln des Zusammenwirkens mögen in einer gegebenen Situation fixiert und verbindlich sein, sie müssen längerfristig Veränderungen zugängich sein, wenn das System als solches überleben will.

- Was im Ergebnis passiert, ist allenfalls teilweise eine Folge von Intentionen, Plänen, Design und rationalgesteuertem Verhalten. Ebenso bedeutend sind irrationale Impulse, Ambivalenzen und Zufälle. Ein Projektmanagement muß diese Einflußfaktoren alle berücksichtigen.

Dahinter steht folgende Gesamtsicht: Das, was als Struktur, als Organisation, als formales Abbild des Geschehens so stabil aussieht, ist eine Momentaufnahme. Das bedeutet erstens: Die Struktur ist viel veränderlicher als sie im Organigramm aussieht. Und zweitens: Das Organigramm ist ein Reflex auf das Handeln und nicht das Handeln ein Reflex auf das Organigramm!

Das formale, starre Bild kann die Illusion vermitteln, es handle sich um ein planmäßig aufgebautes Ganzes, das man am Reißbrett konstruiert und in der Werkstatt produziert. In Wirklichkeit ist die Organisation, auch die Projektorganisation, aber gewachsen.

Projektmanagement

Niemand versucht, eine Pflanze aus Zellplasma, Chlorophyl, Wasser usw. zu bauen. Man pflanzt einen Setzling in eine geeignete Umgebung, hegt und pflegt ihn und überläßt Wachsen, Entwickeln und Gewinnen der Pflanze selbst.

Pläne und Organigramme sind deshalb nicht überflüssig. Im Gegenteil: Das formale Instrumentarium erlaubt, sich in einem organischen Prozeß zurechtzufinden.

Wie man Unternehmen und Projekte formal organisieren kann, steht in vielen Büchern (Reschke et al 1989). An dieser Stelle weisen wir in gewohnter Weise darauf hin, woran Sie besonders denken sollten

Wenn Sie als Projektverantwortlicher über die Basisfunktion „Organisieren" nachdenken,

- überlegen Sie, wer mit Organisationsaufgaben betraut werden kann. Hier sind nicht in erster Linie Fachexperten und Sachbearbeiter gefragt (obwohl dies leider weitverbreitete Projektpraxis ist). Hier werden flexible, überzeugungsfähige, glaubwürdige Leute gebraucht;

- sorgen Sie für klare, d.h. eindeutige, transparente und nachvollziehbare Rahmenbedingungen für das Projekt auf der Unternehmensseite. Damit ist der Rahmen abgesteckt, innerhalb dessen überhaupt organisiert werden kann;

- prüfen Sie, inwieweit dem Projektteam zuzutrauen ist, sich selbst zu organisieren, und achten Sie darauf, daß die Zusammenarbeit geregelt wird.

- Schließen Sie auch die persönliche Arbeitsorganisation (also Selbst- und Zeitmanagement) mit ein. Dieser Aspekt wird sehr häufig unterschätzt.

Voranbringen

Führung im Projekt ist eine ebenso wichtige wie häufig vernachlässigte Basisfunktion. Vernachlässigt deshalb, weil überwiegend Sachexperten in Projektteams berufen werden, die vor allem ein inhaltliches Interesse haben und allenfalls noch ein persönliches Karriereinteresse, aber viel weniger ein unternehmerisches Gesamtinteresse.

Wir bezeichnen diese Funktion als Voranbringen und nicht als Führen. Allzuoft wird mit Führen die Beziehung zwischen Führungskraft und Mitarbeiter gedacht und der dahinterliegende Zweck dieser Beziehung, das Voranbringen von Unternehmen bzw. Projekten ausgeblendet.

Aber gerade, weil im Projekt so viele unbestimmte und unbestimmbare Aspekte zusammenkommen, sind Personen bzw. Institutionen notwendig, die die Richtung festlegen, in der weitergearbeitet wird, die die Zielkorridore definieren, die die Budgetgrenzen festlegen und die zeitlichen Meilensteine, die gegenüber dem Unternehmen berichten, die die Funktionen (Generieren, Strukturieren, Organisieren, Regeln und Voranbringen selbst) Personen bzw. Stellen zuweisen. Kurz: die für das Funktionieren der Basisfunktionen verantwortlich sind.

Mit der Gestaltung der Führungsfunktion verbunden ist erneut die Frage, inwieweit das Projekt hierarchisch organisiert wird. Im Dienste der Funktion „Voranbringen" sind andere Argumente einschlägig als im Dienste der Funktion „Organisieren". Unter dem Führungsaspekt widerstreben zwei Prinzipien einander: Hierarchische Strukturen werden in dem Maße als sinnvoll angesehen, in dem z.B. Routineaufgaben oder Aufgaben unter hohem Druck effektiv und effizient gelöst werden müssen (Modell Feuerwehr). Partizipative Strukturen sind in dem Maße sinnvoll, in dem sich unbestimmte Aufgaben mit unvorhersehbaren Anforderungen stellen (Modell: Krisenstab).

Wir vertreten keine der beiden Extremlösungen, also weder die völlige Hierarchiefreiheit der Projektorganisation noch einen strikten Top-Down-Approach. Vielmehr sehen wir Projektmanagement als eine Mischform zwischen hierarchischen und partizipativen Strukturen an. Vielleicht verkörpert es sogar das Management in der Übergangsphase von der Hierarchie zur Hierarchiefreiheit. Vielleicht aber auch nicht. In jedem Fall hat die Mischung auch zum Teil widersprüchliche Konsequenzen:

- Im hierarchischen Zusammenhang heißt Führung immer Beeinflussung und ist immer Ausübung von Macht. Das bedeutet auch stets, daß die Führungskraft „disziplinarischen Zugriff" auf die Projektmitarbeiter hat und kann deshalb immer zum Gebrauch von „Gewalt" führen.

- Partizipativ interpretiert heißt Führung im Projekt: Jeder muß zu jedem Zeitpunkt Führung übernehmen können, wollen und dürfen. Am Beginn führt vielleicht eine bestimmte Person das Projekt, solange die Wissensverarbeitung dominierende Funktion ist. Dann übernimmt eine andere Person die Projektführung, weil die Ideenfindung ansteht. Ein drittes Projektteammitglied führt das Projekt immer dann, wenn es (re-)organisiert wird und eine fünfte führt das Projekt zu Ende. In verschiedenen Projektphasen kann sich diese Verteilung verändern. Oder es bleibt ganz der Verantwortung des Projektteams überlassen, die Führungsfunktion wahrzunehmen, d.h. das Projekt voranzubringen. Das Fehlen einer formalen Führungskraft heißt also nicht Führungslosigkeit.

- Bei einer partizipativen Projektführung gewinnt vor allem das Moderieren des Projektteams an Bedeutung und beschränkt sich nicht mehr nur auf die Generierungsfunktion, sondern auch auf Wissensverarbeitung, Organisieren und das Controlling.

Wie installiert man also eine gut funktionierende Projektführung?

- Überlegen Sie, wer für Projektführungsaufgaben infrage kommt. Dies ist zunächst eine Frage der Qualifikation und im Projektmanagment zählen andere Führungsqualifikationen als im Linienmanagement (vgl. Abschnitt Führungsstil).

■ Sorgen Sie für eine ausreichende Verankerung der Projektführung im Unternehmen und im Projektteam. Führung ist auch eine Frage der Legitimation. Und im Projekt wird Führung ganz anders legitimiert als in der Linie.

■ Klären Sie, welche Befugnisse, Pflichten und Arbeitsschwerpunkte Projektführungskräfte haben. Thematisieren Sie die Unterschiede zu den Linienaufgaben.

■ Führungskräfte im Projekt sehen sich in einer Vielzahl unterschiedlicher Rollen, die zum Teil widersprüchlichen Interessen dienen. Diese Rollenkonflikte sind zu klären und zu regeln.

■ Prüfen Sie projektexterne Unterstützungsmöglichkeiten (aus dem Unternehmen oder ganz extern), z.B. Supervision oder Coaching.

Regeln

Es ist nun keine neue Erkenntnis, daß sich Ideen, Wissen, Organisation und Führung im Verlauf eines Projekts mehrfach, eigentlich sogar kontinuierlich ändern. Umso mehr ist es dann notwendig und sinnvoll, über eine fünfte Funktion zu verfügen, die diese Veränderungen „im Griff hat", also plant, steuert, kontrolliert und regelt. Controlling sagt man dazu. Auf den ersten Blick ist die Controlling-Funktion ein Gegengewicht zum Generieren: Dort spielt der Freiraum eine große Rolle, in dem sich Kreativität entfalten kann. Hier soll sich Wirtschaftlichkeit entfalten und die setzt dem kreativen Freiraum wiederum Grenzen. Sie stellt aber dem Generierer auch Instrumente zur Verfügung, seinen – nun begrenzten – Spielraum optimal zu nutzen.

Controlling ist ein kybernetisches Konzept: Es nimmt aus dem Zusammenwirken der Basisfunktionen Impulse auf, Informatio-

Abbildung 7: Führungslegitimation im Projekt und in der Linie

Merkmale	Führung in der Linie	Führung im Projekt
Hierarchische Kompetenz	●	○
Fachliche Kompetenz	●	○
Methodische Kompetenz	●	●
Persönliche Kompetenz	●	●
	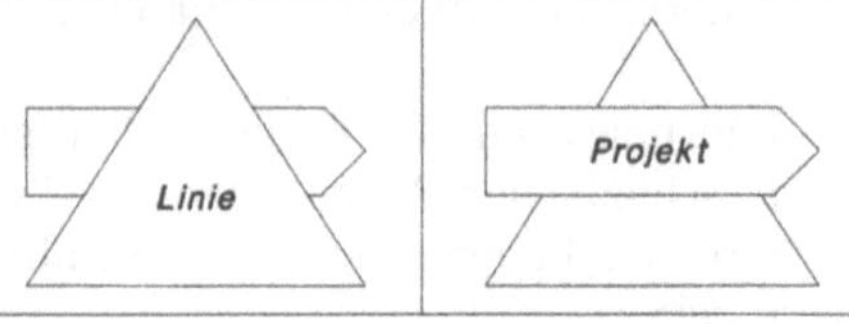 Linie	Projekt

(Quelle: Fendrich, J. C.: Projektmanagement. Unveröffentlichtes Manuskript, Frankfurt, 1991)

nen, Ideen, Maßnahmen, Anweisungen, Daten, Fakten usw. Es übersetzt diese Inputs in ein Bewertungssystem (z.B. eine Kosten-Nutzen-Analyse oder einen Soll-Ist-Vergleich). Die Bewertung ist wiederum Input für Maßnahmen, Anweisungen, Ideen usw. Controlling ist auch die Werkzeugkiste zu diesem Prozeß und stellt Operationalisierungsregeln, Maßzahlen, Indikatoren, Parameter, Kriterien und formale Verfahren zur Verfügung.

Schließlich ist Controlling eine Philosophie, die zur – in allen anderen Funktionen auch angeklungenen – Orientierung an selbstreferentiellen Systemen gut paßt: „Controlling ist eine Chance für Selbst-Kontrolle. Der Controller in seiner Service-Funktion ist nicht Kontrolleur, sondern er sorgt durch seine Instrumente ... und empfängerorientierte Information dafür, daß sich jeder selber kontrollieren kann." (Blazek, 1991, S. 56)

Funktionen

Worauf ist in der Funktion des Projekt-Controllings zu achten?

- Das Projektziel (die Steuerungsgröße) muß sowohl herausfordernd als auch erreichbar sein.
- Alle Projektbeteiligten sollen bei der Zielfindung mit einbezogen werden.
- Die Projektplanung muß sowohl verbindlich als auch flexibel sein und zu einem gegebenen Zeitpunkt eindeutig.
- Die Projektplanung ist die gemeinsame Basis zu ihrer Veränderung.
- Der Rahmen der Projektbewertung muß identisch sein mit dem Rahmen der Projektplanung.
- Abweichungen sind Auslöser für Lernprozesse.

Das Konzept des Zusammenwirkens

Mit den fünf Basisfunktionen im Projektmanagement soll nicht einem Spezialisierungsmuster das Wort geredet werden, das zu immer feinerer Differenzierung und somit zu wachsender Schwerfälligkeit tendiert, sondern lediglich einer Schwerpunktbildung der Projektaufgaben. Die Funktionen repräsentieren lokale „Marktplätze" im ansonsten unüberschaubaren Geflecht der Informationswege, Zusammenhänge, Lernprozesse, Zielebenen und Beteiligten. Sie repräsentieren auch Übergänge bzw. „Sprungbretter" von der funktionalen Betrachtung in andere Dimensionen des Hologramms. Daß Projektmanagement erst im Zusammenwirken der Funktionen entsteht, ist ebenso zentral wie trivial. Wir legen darüber hinaus besonderes Gewicht auf die beiden folgenden Überlegungen:

- Das Bündeln von Energie allein wird im Management heute nicht mehr als ausreichend angesehen. Synergie ist das Zauberwort. Aber was ist mit Synergie gemeint? Nun: Die

Abbildung 8: Das Konzept des Zusammenwirkens

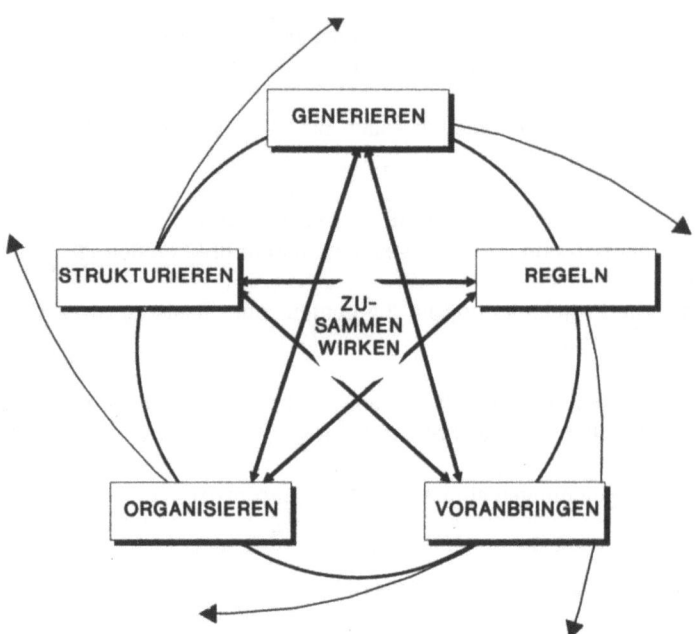

simpelste Synergieformel lautet: Eins plus eins ist mehr als zwei. Oder, auf unser Modell übertragen, 1+1+1+1+1>5. Oder: Das Zusammenwirken von fünf Mitarbeitern ist produktiver als die Summe von fünf einzelnen Arbeitenden.

Dazu formulieren wir unsere *erste Hauptthese:* Die „Arbeitsteilung" im Projektmanagement nach den fünf Basisfunktionen Generieren, Strukturieren, Organisieren, Voranbringen und Regeln ist pareto-optimal im Hinblick auf die erzielbare Synergie.

Neben dieser ökonomischen Bedeutung des Zusammenwirkens gibt es eine gesellschaftliche Bedeutung, die nicht minder wichtig ist. Gemeint ist ein friedfertiges Miteinander, in dem Vielfalt und Konflikt notwendige und nützliche Elemente sind, die aufgegriffen, ausgetragen und zuletzt überwunden werden. Somit lautet eine eher qualitative Formel: Synergie ist gleich Einklang plus Power (vgl. Sünnemann/Oefner-Py/Mees/Loddenkemper: Sinn-Management, Wiesbaden 1994, S.62).

Die fünf Basisfunktionen wirken also im Kern synergetisch zusammen. Welche Dynamik sich daraus entwickelt sehen wir, wenn wir nun auf den zeitlichen Verlauf eines Projektes schauen.

Phasen im Projektprozeß

Die Zeit ist der wichtigste Orientierungsmaßstab für das geforderte Projektteam. Da ein Projekt in aller Regel definierte Anfangs- und Endzeitpunkte hat, bietet sich der so abgesteckte Zeitraum zur hilfreichen Strukturierung geradezu an. Zeit ist immer knapp und nie steuerbar. Der Begriff Zeitmanagement ist deshalb auch irreführend. Umso wichtiger ist es deshalb, von Zeit zu Zeit nachsehen zu können, ob man noch in der Zeit ist. Das haben viele vor uns auch schon erkannt und daher gibt es eine Fülle mehr oder weniger brauchbarer Phasenmodelle des Projektmanagements. Tabelle 4 listet einige davon mit ihren wesentlichen Charakteristika auf.

Vielen Phasenmodellen gemeinsam ist, daß ihre Gliederung den jeweils dominierenden Projektfunktionen folgt: Häufig steht die Phase „Anbahnung" oder „Auftrag" am Beginn (Voranbringen dominiert), meist folgt eine kreative Designphase (Generieren dominiert). Ebenso häufig finden sich Planungsphasen (Regeln dominiert) und Durchführungsphasen (Organisieren dominiert). Mit solchen Modellen wird ein Bild transportiert, das den gesamten Projektverlauf als überwiegend vorbestimmbar und

Tabelle 4: Phasenmodelle des Projektmanagements im Vergleich

Autor(en) Ausprägung	Phasen	Weitere Gliederungen	Abgrenzungsmerkmale	Checkpunkte	Feedback	Anwendung auf
Fendrich	7	z.T. Subphasen	Funktionen	nein	ja	Produktentwicklung
Balck	6	–	Systemzustände Realitätsnähe	nein	nein	Offene Prozesse
Leroy	4	je 4 Subphasen je 4 Schritte	Funktionen und Unterfunktionen	ja	nein	universal
Zur	5	–	Funktionen	nein	nein	Produktentwicklung
Oyen/Schlegel	5	–	Funktionen	nein	nein	Produktentwicklung
Blazek	4	–	Funktionen	ja	ja	universal

planbar erscheinen läßt. Da aber, wie schon festgestellt, die einzelnen Funktionen zu Projektbeginn nicht mehr und nicht weniger beinhalten als Handlungsspielräume, ist ein solches Phasenmodell kaum zu gebrauchen, denn es geht von wohlbestimmten Dingen aus. In unbestimmter Situation liefert es keine Hilfestellung. Besser geeignet erscheint hierfür Balcks Modell, das den Projektverlauf als „Folge indeterminierter Phasenübergänge" begreift (Balck, 1989, S. 401). Gerade das Unbestimmte hat hierin seinen festen Platz: Die Projektwelt bzw. das Projektgeschehen entfernt sich demnach im Zeitverlauf von der Wirklichkeit, um Möglichkeitsräume zu erkunden, und kehrt gegen Ende mit neuen Ordnungen in das wirkliche System zurück. Das Projekt wechselt dabei zwischen geordneten und chaotischen Systemzuständen hin und her.

Ein weiteres Merkmal der meisten Phasenmodelle ist, daß sie einen „ungestörten" linearen Verlauf vom Anfang bis zum Ende haben. Nach der Planung kommt die Durchführung; alles, was vorher an Zielen, Rahmenbedingungen, Annahmen einging, hat unverändert Bestand bis zum (bitteren) Projektende. „Lieber ein gesundes Vorurteil und nicht durch Tatsachen irritieren lassen" scheint das Motto vieler Projektteams zu sein, die nach solchen Phasenmodellen planen und handeln. Unter kybernetischen Gesichtspunkten ist das freilich nicht mehr ganz zeitgemäß. Während eine Reihe von Modellen Vor- und Rückkopplungen zwischen bestimmten Projektphasen definieren, bildet Leroys Modell 4 x 4 die weitestreichenden Möglichkeiten ab, Projektphasen aufeinander zu beziehen. Wir skizzieren kurz sein Modell (vgl. Abbildung 9)

- Ein Projekt läuft in vier großen Phasen ab: Problem, Idee, Plan, Aktion.

- Die vier Phasen sind als vier Seiten eines Quadrates angeordnet: Nach der Aktion kann sich ein Folgeprojekt mit der Analysephase anschließen oder in einem großen Projekt können Teilprojekte als Subzyklen anschließen. Von einer Seite (Phase) aus sind die anderen Seiten (Phasen) sichtbar: In der Analyse wird der Plan bereits mitgedacht. Jede Idee

Abbildung 9: Projektablauf nach Leroy

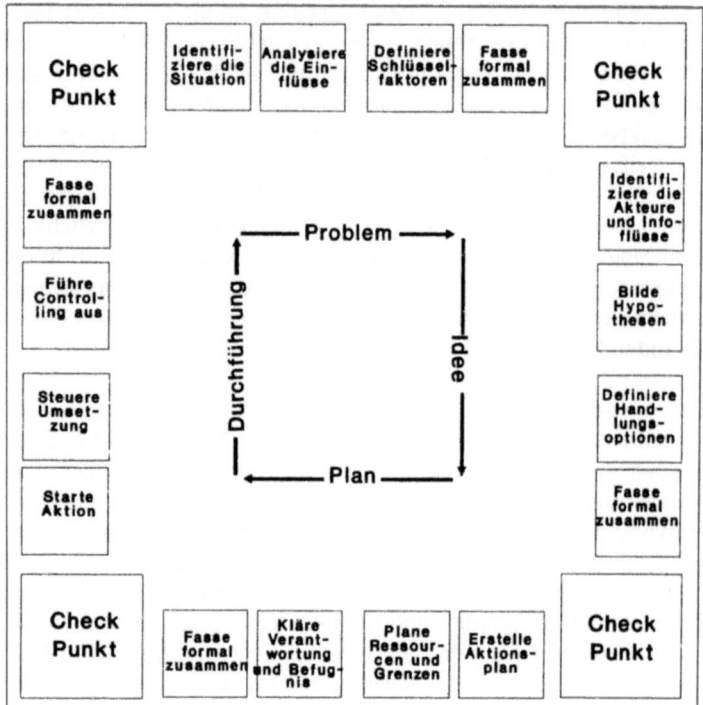

impliziert auch eine Aktion. Jede Aktion modifiziert den Plan.

■ Jede Phase ist in vier Abschnitte eingeteilt, die untereinander nicht oder nur schwach rückgekoppelt sind, sondern einen eher linearen Verlauf darstellen.

■ Eckpunkte sind Checkpunkte.

Balcks Phasenmodell und Leroys Zyklusmodell sind durchaus miteinander kombinierbar: Zwischen je zwei formal dokumentierten und realitätsbezogenen (Ch-) Eckpunkten Leroys findet dann je ein Balckscher Ausflug in einen Möglichkeitsraum statt. In der Mitte jeder Seite in Leroys Quadrat findet ein chaotischer Übergang in Balcks Sinne statt. Wir greifen daher beide Ideen auf und modifizieren das Gesamtbild. Im einzelnen ist unser Modell wie folgt zu charakterisieren (Abbildung 10):

- Wir unterscheiden drei große Phasen:
  1. Erfahren von Problemen und Erkunden des Umfeldes
  2. Entdecken von Möglichkeiten und Entwickeln des Lösungsweges
  3. Erschließen der Möglichkeiten und Erreichen der Lösung

- Jede Phase beinhaltet einerseits „Ausflüge in chaotische Zwischenzustände" und erzeugt andererseits einen relativ geordneten Systemzustand.

- Der Nutzen der jeweils entstandenen „inneren Ordnung" muß daran gemessen werden, inwieweit diese das „äußere Chaos" begriffen hat. Nach jeder Phase erfolgt also ein Prüfschritt.

- Von jeder Phase kann in jede andere Phase gesprungen werden.

- Zur Erinnerung: In jeder Projektphase greift jede Funktion im Projekt, wirken alle Erfolgsfaktoren auf allen Handlungsebenen usw.

- Der Einstieg erfolgt z.b. über ein vorhandenes bzw. wahrgenommenes Problem-Chaos, und mit einem formalen Kontrakt der Beteiligten. Dieser enthält:

    - eine gemeinsam getragene Vision,
    - eine gemeinsame Zielsetzung,
    - einen gemeinsamen Bezugsrahmen (Sichtweise, Sprache),
    - die Bindung untereinander,

Abbildung 10: Projektablauf nach TOKOM

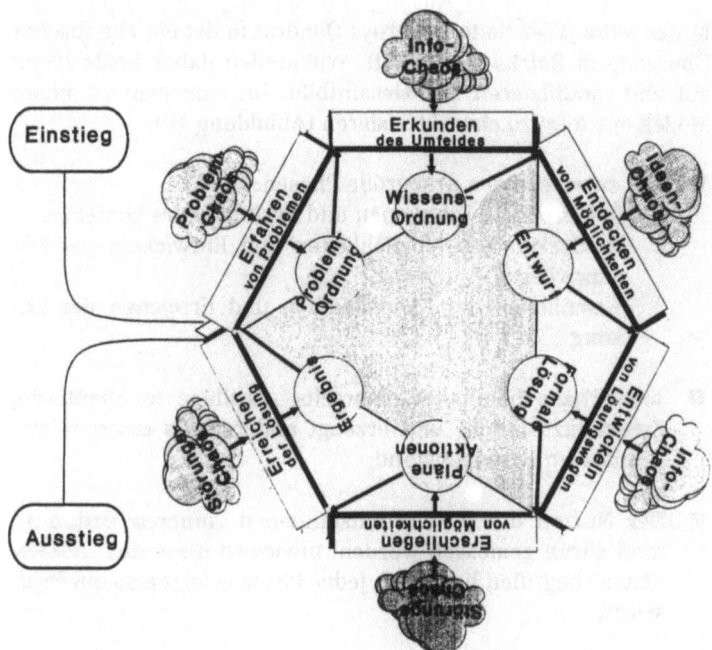

- die Herstellung der Arbeitsfähigkeit und
- die Verpflichtung auf die Zielsetzung.

■ Der Ausstieg erfolgt z.B. nach dem Erreichen einer Problemlösung mit der Auflösung des formalen·Kontraktes.

Auch hierzu ein abrundendes Beispiel: Wenn Sie einmal eine Zeitlang in einer Wohngemeinschaft (WG) gelebt haben, werden Ihnen die Begriffe Problemchaos, Informationschaos oder Ideenchaos, überhaupt: Chaos, wohlvertraut sein (einschließlich Beziehungschaos). Böse Zungen behaupten ja sogar, daß die Vordenker der Chaostheorie allesamt aus WGs stammen und le-

Projektphasen

diglich ihre Lebenserfahrungen in ein Theoriegebäude umgesetzt haben. Ein beim gemeinsamen Frühstück vereinbartes Projekt könnte heißen: „Abwaschen des in der Küche gestapelten Geschirrs bis 20 Uhr". Wenn Sie das für eine Routine-Aufgabe halten und nicht für ein Projekt, haben Sie wirklich keine WG-Erfahrung. Routine ist allenfalls die folgende Auseinandersetzung über das weitere Vorgehen. Wir sehen einmal davon ab und gehen von einer harmonieorientierten Analysephase aus.

Das Problemchaos verteilt sich – für jedermann gut sichtbar – zwischen Anrichte, Herd und Spüle. Es wird im Laufe des Tages durch wiederholtes Umschichten und Umhertragen (unter wechselnder Projektführung) in eine gewisse Problemordnung überführt, in der zum Beispiel Teller auf Teller auf dem Fußboden stehen und Gabeln neben Gabeln auf einem Stuhl liegen.

Das erste Informationschaos besteht nun aus den Verabredungen der einzelnen WG-Mitglieder und entwickelt sich ständig weiter durch Telefonate, Besuche, plötzliche Erinnerungen und sogenannte spontane Ideen (unmoderierte Generierungsfunktion). Als Informations-Ordnung kristallisiert sich gegen 19.50 Uhr heraus, wer gerade noch anwesend ist.

Das Ideen-Chaos umfaßt nicht nur unterschiedliche Vorstellungen davon, wer eigentlich mit dem Abwaschen an der Reihe wäre, sondern auch Vorschläge, das Projekt als Fremdvergabe gegen einen halben Kasten Bier an den erwarteten Besuch abzutreten, und Visionen, das Spülen mitsamt dem Geschirr ganz abzuschaffen. Dennoch gelingt ein Lösungs-Entwurf unmittelbar vor Spülbeginn, indem Bürste und Handtücher verteilt werden.

Ebenso typisch für WGs wie untypisch für andere Projekte ist das Zusammenfallen der drei letzten Projektphasen. Eine gut funktionierende WG entwickelt Lösungswege, die sie simultan erschließt und begeht – nach 20 Minuten gemeinsamer Aktion von vier Personen ist eben ein Berg Geschirr gespült, für den jeder einzelne mehr als die vierfache Zeit gebraucht hätte. Und dabei wird noch über Synergie diskutiert...

Erfolgsfaktoren im Projektmanagement

Welche Funktionen im Projekt zusammenwirken und welche Phasen aufeinanderfolgen, das alles zeitigt zwar das Projektergebnis und damit hoffentlich den Projekterfolg, verursacht ihn aber selbst nicht. Der hängt von anderen Faktoren ab, die sich zwar in den Funktionen wiederfinden, aber gewissermaßen ein Eigenleben haben. Ein Beispiel mag verdeutlichen, worum es geht: Kreislauf und Atmung sind Körperfunktionen. Die Konstitution und die Kondition sind (Erfolgs-) Faktoren für die Leistung des Körpers. Erfolgsfaktoren sind also zunächst Merkmale bzw. Eigenschaften eines Organismus oder einer Organisation. Peters und Waterman haben ein Sieben-Faktoren-Modell erfolgreicher Unternehmen als „glückliches Atom" in die Management-Literatur eingeführt und seither ist es ebenso üblich wie nützlich, „harte", betriebswirtschaftlich beeinflußbare Faktoren von „weichen", sozialpsychologisch beeinflußbaren zu unterscheiden. Wir folgen dieser Unterscheidung und beginnen mit den harten Faktoren.

Erfolgsfaktor Aufbau-Organisation

Die Aufbau-Organisation eines Projekts kann der Aufgabe mehr oder weniger gut angepaßt, schnell oder träge, ein Fremdkörper im Unternehmen oder fest eingebettet sein. Für den Erfolg entscheidend ist der Aspekt, wie gut oder wie schlecht Unternehmensorganisation und Projektorganisation zusammenwirken. Die Aufgabe, eine optimale Struktur innerhalb der bestehenden zu finden, ist stets mit drei Grundproblemen verknüpft:

- Einerseits soll die formale Organisation ihren Mitgliedern Halt und Stabilität bieten, andererseits soll sie flexibler sein als die vorhandene Struktur.

- Einerseits sollen die Kompetenzen klar voneinander abgegrenzt werden, andererseits ist gerade in Projektaufgaben die Überschneidung von Kompetenzen erwünscht.

■ Einerseits soll die Verantwortung möglichst eindeutig zugeordnet, andererseits möglichst breit getragen und verteilt werden. Partielle Hierarchiefreiheit ist ein Schlüsselbegriff, der allerdings offenläßt, wie partiell die Freiheit sein darf.

Um die Vielgestaltigkeit von Projektorganisationen in den Griff zu bekommen, haben sich drei Grundtypen herausgebildet (vgl. u.a. Stähle, 1983, S. 462-464):

Einfluß-Projektmanagement
Das Einfluß-Projektmanagement beläßt die Organsiationsstruktur nahezu unverändert. Lediglich eine Stabsstelle Projektkoordination wird der Unternehmensspitze zugordnet, verfügt aber über geringe Kompetenzen bzw. trägt wenig Verantwortung dafür, die Projektziele zu erreichen. Für Projekte im engeren Sinne, also wenn Aufgaben mit den vorhandenen Standards nicht zu lösen sind, ist diese Organisationsform nicht geeignet. Für zeitlich begrenzte, von Zeit zu Zeit auftretende Aufgaben (z.b. Facelift eines PKW-Typs) ist sie angemessen.

Reines Projektmanagement
Im reinen Projektmanagement wird eine eigenständige Projektorganisation aus der Unternehmensorganisation heraus aufgebaut. Die Projektleitung trägt die volle Verantwortung für das Ergebnis und hat umfassende Befugnisse. Von Vorteil ist die Konzentration der Kräfte auf die Projektarbeit. Nachteilig erscheinen die Gefahren der Distanz zum Mutterunternehmen und des Eigenlebens. Sinnvoll ist diese Form bei strategisch bedeutenden Aufgaben, deren Lösung auf das Unternehmen insgesamt zurückwirken wird.

a) Die hierarchische Lösung bildet eine Linienorganisation innerhalb der Linienorganisation. Möglicherwesie mit veränderten, im Extremfall umgekehrten Über- und Unterordnungsverhältnissen.

b) Die hierarchiefreie Lösung entsteht z.B., wenn man im Konzept des Zusammenwirkens (Abbildung 8) die fünf Basisfunktionen personell besetzt.

Projektmanagement

Matrix-Projektmanagement
Im Matrix-Projektmanagement überlagert sich ein zielorientiertes und temporär eingerichtetes Leitungssystem dem bestehenden, meist funktional gegliederten und permanenten Leitungssystem des Unternehmens. Dies wird oft als tragfähiger Kompromiß zwischen Einfluß- und reinem Projektmanagement angesehen. Dabei darf nicht übersehen werden, daß diese Organisationsform die schwierigste, weil am wenigsten pragmatische Lösung ist. Kompetenzwirrwarr und widersprüchliche Anweisungen sind in der Praxis eher die Regel denn die Ausnahme.

Für welches Organisationsmuster Sie sich letztlich entscheiden, hängt von den spezifischen Bedingungen in Ihrem Unternehmen und der anstehenden Projektaufgabe ab. Achten Sie aber in jedem Fall auf die folgenden Aspekte:

- Grenzen Sie die Projektaufgaben der beteiligten Mitarbeiter und Führungskräfte klar von deren Linienaufgaben ab und gewichten sie!

- Sorgen Sie für eine jederzeit eindeutige, klare und transparente Verteilung der Zuständigkeiten und Aufgaben (wobei die Träger durchaus wechseln können)! Maxime: So klar wie nötig, so überlappend wie möglich.

- Sorgen Sie zusätzlich für Spielregeln, wie bei Störungen und Unklarheiten verfahren werden soll.

- Sorgen Sie dafür, daß eventuelle Veränderungen in der Über- und Unterordnung der Beteiligten gegenüber der Linienorganisation wahrgenommen, reflektiert, verarbeitet und akzeptiert werden!

- Überprüfen Sie, ob jederzeit alle notwendigen Haupt-, Teil- und Hilfsfunktionen im Projekt hinreichend erfüllt werden.

Abbildung 11: Im Zentrum der Matrix

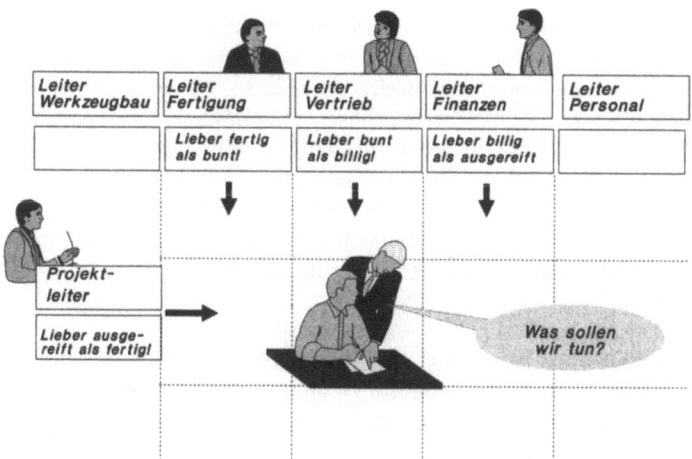

Erfolgsfaktor Ablauf-Organisation

An der Wand hängt der Netzplan und im Projektbüro geht es drunter und drüber. Oder: Im Montags-Meeting finden Absprachen statt, die dienstags durchbrochen, mittwochs vergessen und freitags nicht mehr kontrolliert werden. Projektalltag in vielen Unternehmen. In der Ablauforgansiation spiegelt sich das Hauptproblem des Projektmangements, daß nämlich die Aufgabe mit Routinen der Linie nicht zu lösen ist. Sie erfordert vielmehr ein ständiges Sich-kümmern. Sie verändert sich laufend, sie macht einfach Mühe. Pläne sind das eine. Pläne fassen das maximal Faßbare. Der andere, wesentliche Teil des Prozesses ist nicht steuerbar im klassischen Sinne. Deshalb sind Pläne nicht überflüssig. Sie sind vielmehr die gemeinsame Grundlage dafür, sie wieder zu verändern.

Projekte haben alle Wesensmerkmale selbstorganisiernder Systeme (vgl. Schneider, 1989, S. 149). Fremdsteuerung ist demnach nicht nur hemmend, sondern kann sogar zur Fehlentwicklung führen. Letztlich wird so nur der Aufwand überproportional gesteigert, eine chaotische Umwelt an wohlgeordnete, aber fragwürdige Modellvorstellungen anzupassen. „Wir müssen Projekte als offene Systeme verstehen und uns damit von der linearen Planbarkeit im kartesianischen Sinne verabschieden. Hier ersetzt Planung wirklich nur den Zufall durch den Irrtum. Vielmehr sollte Selbstorganisation den Zufall durch Ordnungsparameter zur synergetischen Strukturfindung nutzen." (Schneider, 1989, S. 152)

Die folgenden Ratschläge sprechen Maßnahmen an, die Zeit benötigen. Zeit, die der ohnehin zu knappe Terminplan kaum hergibt. Und dennoch: So paradox es klingt: Um insgesamt zu beschleunigen, müssen Sie partiell verlangsamen. Eingedenk des Mottos, mit dem Sie auch Ihren Tag als Projekt angehen: „Laß Dir Zeit, denn heute muß es schnell gehen." Diesen hohen Anspruch in konkrete Alltagspraxis umzusetzen, ist Ihre Aufgabe. Achten Sie deshalb insbesondere auf die folgenden Aspekte:

- Fördern Sie gerade am Beginn eines Projekts die Geduld der Beteiligten und bremsen den Aktionismus, so daß Strukturen wachsen können.

- Unterstützen Sie die Mitarbeiter, es auszuhalten, daß die Dinge (und sie mit ihnen) im Fluß sind.

- Bestehen Sie auf einer sorgfältigen Analyse der Umfeldbedingungen des Projekts, in deren Verlauf allmählich aus chaotischen Zuständen eine Strukturierung entsteht.

- Verwirrung ist ein notwendiger Teil des Projektablaufs. Sie macht den Blick frei für neue Perspektiven.

- Achten Sie auf realistische Zielsetzungen: Wunschprojektionen, Spekulationen und Mutmaßungen sind Garanten für den Mißerfolg.

Erfolgsfaktoren

- Sorgen Sie für „What-if-Regeln" für den Umgang mit unvorhergesehenen Ereignissen, Störungen, Rückschlägen etc.

- Richten Sie die Projektaktivitäten an den Erfordernissen der Aufgabe und der Umwelt aus und weniger an den Möglichkeiten, was man alles machen könnte, sonst ufert das Projekt schnell aus.

- Führen Sie nur solche Informationssysteme, Tools und Hilfsmittel ein, mit denen die Projektmitarbeiter auch sicher umgehen können.

- Sorgen Sie für ständige Transparenz über den Stand des Projekts, laufende Aktivitäten, Commitments usw.

- Sorgen Sie für den ständigen Konsens bezüglich der Ziele und der nächsten Schritte, z.B. ob das gerade beginnende Meeting der Lösungssuche, Bewertung, Abstimmung oder Entscheidung dient.

Erfolgsfaktor Materielle Ressourcen

Zu den wirklich harten, direkt anfaßbaren Faktoren zählt die materielle Ausstattung des Projekts. Es ist naheliegenderweise erfolgsrelevant, ob mit Computern und modernen Kommunikationsmedien oder mit Papier und Bleistift gearbeitet wird. Ob die Himalaya-Expedition Sauerstoff-Masken hat oder nicht. Ob sich die Erdbebenhilfe einer Luftbrücke bedienen kann oder auf den Landweg angewiesen ist. Mehr technische Raffinesse ist dabei nicht notwendigerweise auch ein Mehr an Erfolg. Das zeigt unter anderem das russische Raumstations-Programm, das mit erheblich weniger Aufwand auskommt (billigere, robustere Trägersysteme, einfachere Navigationshilfen) als das amerikanische und doch recht ähnliche Erfolge ausweist. In der betrieblichen Praxis helfen Pinwände und Kartenabfragen manchmal auch weiter als Datenbanken, manchmal und je nach der Situation. Achten Sie bei der materiellen Ausstattung daher auf folgende Aspekte:

- Sorgen Sie für eine möglichst bedarfsgerechte Bereitstellung, wobei sich der Bedarf von der Projekt-Zielseite her bestimmt.

- Sorgen Sie für eine effektive und schnelle Bereitstellung benötigter Ressourcen.

- Sorgen Sie für eine effiziente Verwaltung bzw. Bewirtschaftung der vorhandenen Mittel.

- Sorgen Sie für möglichst durchgängige, kompatible Ressourcen. Allzu verbreitet sind PC-Inseln, auf denen die Benutzer mit jeweils eigener Software und Konfiguration „sitzen".

- Fördern Sie mit der Wahl der Ressourcen Offenheit und Kooperation im Team.

Erfolgsfaktor Finanzielle Mittel

Mindestens ebenso wichtig wie die materielle ist die finanzielle Basis eines Projekts. Meist bedingt letztere sogar erstere. Zunächst liegt der Gedanke nahe: Je mehr Geld zur Verfügung steht, desto besser ist auch das Ergebnis.

Das klingt auch in zahlreichen Pressekonferenzen an, die anläßlich von Verkehrsübergaben, Forschungsberichten, Rathauseröffnungen und anderen Projektabschlüssen stattfinden und auf denen stets gerne betont wird, was man alles hätte machen können, wenn man mehr gehabt hätte. In der Tendenz sind derlei Aussagen auch sicher richtig. Aber:

Erstens gibt es Ausnahmen. In die Technologie zur Kernfusion wurden in Deutschland seit 1960 viele Milliarden Mark gesteckt. Das Ergebnis wurde mit dem Mittelzufluß nicht besser, sondern blieb konstant: Seit etwa 30 Jahren wird prognostiziert, daß der Fusionsreaktor in 30 Jahren funktioniert. Auf der anderen Seite müssen die Experimente von Hahn und Meitner zur Kernspaltung als ausgesprochenes Low-Budget-Projekt mit großem (wenngleich fragwürdigem) Erfolg bezeichnet werden.

Zweitens sagt die Höhe des Budgets allein noch nichts aus über die Sinnhaftigkeit seiner Verwendung. Das Erfolgspotential finanzieller Mittel ist also nicht quantitativ (mehr Geld = mehr Nutzen) auszudrücken, sondern qualitativ: Budgets sind das monetäre Abbild von Handlungsspielräumen. Sie sichern auf der ökonomischen Seite die Chancen ab, die das jeweilige Projekt hat. Sie aktivieren Managementkapazitäten. Sie decken Risiken des Mißerfolgs ab.

Beachten Sie also bei der Budgetierung der finanziellen Mittel folgende Aspekte:

- Sorgen Sie für möglichst große Klarheit über Umfang und Struktur der zur Verfügung stehenden Mittel!

- Sorgen Sie für ständige Budget-Transparenz!

- Budgetieren Sie mehr nach Erfordernissen und weniger nach Möglichkeiten!

- Kontrollieren und dokumentieren Sie die Zahlungsströme!

- Prüfen Sie bei allen Projektausgaben die Möglichkeiten von Cost Recoveries!

Erfolgsfaktor Personelle Ausstattung

In Zeiten, in denen viele Führungskräfte klagen, daß sie zu wenig ausreichend qualifiziertes Personal für Linienaufgaben zur Verfügung haben, ist es umso schwieriger, eine leistungsfähige Mannschaft zu „rekrutieren". Dieses Problem hat zum einen eine quantitative Seite: das Unternehmen nimmt in dem Maße, in dem Personal aus Routine- bzw. Linienaufgaben abgezogen und Projektaufgaben zugeordnet wird, eine Investition vor. Die Leistungen werden aus der Produktion umgelenkt und fließen in einen „Fonds", den das Projektergebnis verkörpert. Von der Wertschöpfung, die dann aus diesem Fonds möglich ist, hängt es ab, inwieweit sich die Investition rentiert.

Auf der qualitativen Seite gewinnt Projektmanagement auch personalpolitisch an Bedeutung, denn „viele Mitarbeiter warten auf herausfordernde Aufgaben, vor allem, weil die vertikalen Aufstiegsmöglichkeiten begrenzt sind... Die zögerliche Inangriffnahme dieser drängenden Aufgabe läßt sich aus unserer Erfahrung zu einem guten Teil mit fehlendem Mut und Angst vor Konflikten mit der etablierten Organisation erklären" (Freimuth, 1992, S. 225) Zentrale personalpolitische Problemfelder in Projektorganisationen sind (Volpp, 1989, S. 342-352):

- Unzureichende Qualifizierung der Projektmitwirkenden für ihre Aufgabe,

- Arbeitsüberlastung und Streß aufgrund von Unterbesetzung,

- Ungleichgewichtiges Anreizsystem, z.B. Neid, Konkurrenzdenken von nichtbeteiligten Mitarbeitern, wenn die Projektmitarbeit einen innerbetrieblichen Aufstieg fördert oder wenn Projektmitarbeitern besondere Fortbildungsmaßnahmen zuteil werden, infolgedessen Spannungen, unter Umständen Blockaden,

- Abstimmung von Projektlaufbahnkonzepten mit Unternehmenslaufbahnen,

- Fehlende Kenntnis von Teamverhaltensregeln und Konfliktlösungsmethoden,

- Ungleichbehandlung bzw. Chancenungleichheit von Personal im Projekt. Möglicherweise Frust durch enttäuschte Erwartungen, Demotivation.

Achten Sie deshalb bei Ihrem Projekt-Personalmengengerüst auf:

Erfolgsfaktoren

- die Erfordernisse der Projektseite: Die Mitarbeiter müssen spezifischen Anforderungen genügen, sind besonderen Belastungen ausgesetzt und ihre Leistung soll angemessen entgolten werden.

- die Erfordernisse der Unternehmensseite: Das Projekt zieht Mitarbeiter aus der Linie ab, in bedeutender Zahl und für bedeutende Zeit. Hilfreich bei der Regelung von Konflikten zwischen Projekt und Linie ist ein Transparenz schaffendes Funktionendiagramm.

- „Es darf insbesondere nicht der Eindruck vermittelt werden, die Projektmitarbeiter würden über die Maßen begünstigt, während in den Funktionen die Arbeit geleistet wird. Das wären Ursachen für kaum zu überwindende Widerstände gegen eine kooperative Projektkultur" (Freimuth, 1993 S. 220)

- Die Gestaltung von Anreizsystemen soll zu Leistungen motivieren, ohne Ansprüche zu präjudizieren

Erfolgsfaktor Fachliche Qualifikation des Projektteams

Nehmen wir der Einfachheit halber an, die Besten ihres Faches seien zusammengekommen, um ihr Expertenwissen und ihre Erfahrungen zusammenzutragen und ein interdisziplinäres Projekt durchzuführen. Beispiele dafür gibt es zuhauf; sie reichen von der Grundlagenforschung in der Gentechnologie bis zur handfesten Politikberatung ganzer Volkswirtschaften. Grundsätzlich läßt sich sagen, daß die meisten Probleme unserer Zeit auf dem Boden der Einzeldisziplinen (die sich aus Problemen ihrer Entstehungszeit gebildet haben) nicht mehr zu lösen sind. Im Zusammenwirken der unterschiedlichen Fachrichtungen und der verschiedenen Unternehmensbereiche wird daher der Königsweg vermutet, neuartige Probleme und Aufgaben in den Griff zu bekommen. In der Praxis freilich reduziert sich dieser Ansatz darauf, daß man die Beteiligten an einen Arbeitstisch setzt und sie dann ihrem Schicksal überläßt.

Projektmanagement

Üblicherweise werden dann individuell erarbeitete Teilergebnisse einfach synoptisch zu einem Ganzen addiert. Eine mehr symbiotische Zusammenarbeit ist eher die Ausnahme. Die Gründe hierfür sind vielschichtig:

- Mit der Spezialisierung auf Fachgebiete einher geht eine wachsende gegenseitige Verständnislosigkeit. Der Projektleiter sagt „Investition", der Controller versteht aber „Kosten", der Entwickler denkt an „Aufwand" und im Budget steht schließlich „Ausgaben". Jeder glaubt, dasselbe zu meinen. Und jeder glaubt, jeden verstanden zu haben.

- Die einzelnen Disziplinen haben unterschiedliche Vernunftlogiken (z.B. technische, ökonomische, psychologische Vernunft), die nicht zusammenwirken, sondern kollidieren. Die Folgen sind Konflikte, Rückzug auf Einzelpositionen, Blockade des Projektfortschritts.

- Die Fähigkeiten der Beteiligten, ihr eigenes Wissen und ihre eigenen Erfahrungen in einen neuen, fremden Zusammenhang zu stellen und darin neu zu bewerten, ist begrenzt und kann nicht vorausgesetzt werden.

- Während in den meisten Fachdisziplinen das Prinzip überwiegt, Komplexität zu reduzieren, werden in der interdisziplinären Zusammenarbeit die Zusammenhänge vielgestaltiger gemacht.

Die im folgenden formulierten Anforderungen an die Qualifikation der Projektmitwirkenden können nicht „mit einem Blick" abgeprüft und beurteilt werden. Je bedeutender, komplexer und teurer ein Projekt ist, umso sinnvoller ist daher eine Potential-Analyse möglicher Projekt-Mitarbeiter. Dies kann z.B. in Form eines Assessment Centers geschehen, der fachliche, überfachliche und nichtfachliche Qualifikationen berücksichtigt und speziell auf die Projekterfordernisse zugeschnitten ist. Die erfolgssichernden Qualifikationen des Projektteams sind also fachübergreifende. Achten Sie deshalb bei der qualitativen Auswahl der Projektmannschaft auf folgende Aspekte:

Erfolgsfaktoren

- Die Teammitglieder sollen sich jeweils in Nachbardisziplinen auskennen. Diese Forderung geht über das reine Faktenwissen hinaus und schließt die Fähigkeit, in anderen Disziplinen zu denken, mit ein.

- Die Teammitglieder sollen flexibel sein im Gebrauch der eigenen Begriffe, Kategorienraster und Betrachtungsrahmen. Alle Begriffe sind Konventionen und können prinzipiell jederzeit neu vereinbart werden. Wenn es dem Projekt dient und es alle verstehen, hilft auch ein relativistisches Modell. Oder die Vorstellung, die Erde sei eine Scheibe.

- Die Teammitglieder müssen tolerant und offen eingestellt sein und Bereitschaft mitbringen, ihre Fachpositionen zu revidieren.

- Die Teammitglieder sollen in der Lage sein, in Analogien zu denken und Begriffe zu übersetzen.

Aufbau- und Ablauforganisation, materielle und finanzielle Ressourcen, quantitative und qualitative Manpower sind die sechs harten Erfolgs-Faktoren, die aus unserer Sicht im Projektmanagement eine Rolle spielen. Sie sind unmittelbar zugänglich und gestaltbar. Freilich haben wir gesehen, daß hinter harten betriebswirtschaftlichen Aspekten durchaus auch weiche, menschlich-psychologische Zusammenhänge stecken.

Im folgenden stellen wir fünf weitere „weiche" Erfolgsfaktoren vor. Sie sind nur mittelbar beeinflußbar, was ihre Gestaltung mühsamer und auch langwieriger macht. Deswegen sind sie aber keineswegs von untergeordneter Bedeutung.

Abbildung 12: Interdisziplinäre Projektarbeit im Team

Erfolgsfaktor Führungsstil und Führungsqualifikation

Von Projektführung war schon die Rede – sie ist eine der fünf Basisfunktionen im Projektmanagement. Diese Führungsfunktion läßt sich auf verschiedene Art und Weise wahrnehmen und in sehr unterschiedlichen Rollen. Und das hat wiederum Einfluß auf das Gelingen des Vorhabens.

Eine empirische Untersuchung von 16 erfolgreichen Projekten in der Maschinebauindustrie (Platz/Schmelzer, 1986, S. 69) ergab, „daß die Fähigkeit, Autorität und Erfahrung des Projektleiters der Schlüsselfaktor für erfolgreiches Projektmanagement ist." (Keplinger, 1992, S. 103) Führung im Projekt vollzieht sich anders als Führung in der Linie:

Erfolgsfaktoren

- Die Legitimation ist eine andere (vgl. oben).

- Das Selbstverständnis von Führung ist anders: Es wird auf ein bestimmtes Ziel hingeführt, aber die Wegführung dorthin ist relativ unbestimmt.

- Die Mittel sind andere: Der disziplinarische Zugriff hat wenig Gewicht, die Anforderungen an die Selbstkontrolle der Mitarbeiter sind höher. Weniger Delegation von fest umrissenen Aufgaben als vielmehr Richtwerte geben, Integrieren Moderieren.

- Die erforderlichen Qualifikationen sind in erster Linie Teamfähigkeit und soziale Kompetenz, in zweiter Linie fachliche und technische Kompetenz und in dritter Linie administrative Kompetenz (vgl. Keplinger, 1991, S. 104)

- Die Motivationsmöglichkeiten sind variabler und günstiger.

Führung wird von Führungskräften und Geführten anders erlebt und wahrgenommen als in der Linie. Sie haben auf der einen Seite in der Führung weniger Halt und weniger Orientierung. Sie erhalten auf der anderen Seite mehr Spielraum. Sie haben ein Mehr an Verwirrung. Sie leisten längere und mühsamere Suchprozesse. Zuweilen erleben sie eine scheinbare Führungslosigkeit. Achten Sie deshalb als ständige Führungskraft oder als Inhaber einer temporären Führungsrolle im Projektteam auf folgende Aspekte:

- Die Angemessenheit von Führungsstilen wechselt von Situation zu Situation (d.h. mit dem Führenden, mit dem Geführten, mit den Aufgaben und mit den Rahmenbedingungen). Zum Beispiel:

    - im normalen Projektablauf kooperativ und beratend,
    - in unklaren oder schwierigen Situationen unter Druck durchaus autoritär,
    - sowohl aufgaben- als auch personenorientiert und
    - in Konflikten sofort, direkt und offen agierend.

- Ein Management by Commitments kann ein Modell erfolgreicher Projektführung sein. Gemeint ist ein ständiger Prozeß der Zielvereinbarung und Überprüfung ihrer Einlösung:
  - Regelmäßige Check-ups des Projektstatus durch die Projektleitung im Rahmen der allfälligen Meetings und Zielvereinbarungen mit den Teilprojektleitern oder dem Team insgesamt,
  - Foren der Teams, entweder Meetings oder aber dezentrale Informations- und Weisungsdrehscheiben,
  - vollständige (Ergebnis, Termin, Verantwortung), eindeutige und transparente (möglichst visualisierte) Verpflichtungen sowie
  - positive und negative Sanktionsmöglichkeiten.

Abbildung 13: Der Projektleiter und seine Rollen

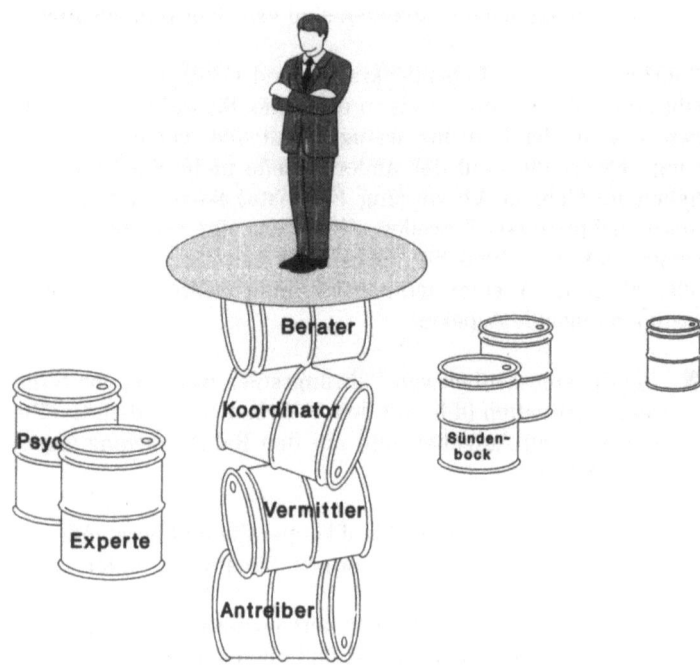

Erfolgsfaktor: Kommunikation und Kooperation

Kommunikation ist die Seele jeder Organisation und jedes Projekts. Das wissen Sie aus eigener Anschauung und aus eigenem Erleben: Da wird themen- und zielorientiert gesprochen und geredet. Miteinander, zueinander, aneinander vorbei, übereinander, untereinander. Es wird telefoniert, gefaxt, kopiert und weitergereicht. Es wird diskutiert, debattiert, lamentiert. Es wird kommuniziert.

Die fünf Basisfunktionen im Projekt vollziehen sich über Kommunikation und wirken durch Kommunikation zusammen. Dies drückt sich nicht zuletzt in unserem Arbeitsmotto und Firmennamen aus: „Themen-Orientierte Kommunikation – das Konzept des Zusammenwirkens".

Arbeitsteilung ist überhaupt nur möglich, weil Kommunikation die Teile wieder zu einem Ganzen integriert. Das heißt: Die Art und Weise wie kommuniziert wird, bestimmt auch die Art und Weise, in der kooperiert wird. Speziell im Projektmanagement spielen dabei zwei Aspekte eine besondere Rolle:

- Das bereits häufiger zitierte, weil notwendige, hilfreiche, produktive und evolutionäre Chaos ist nichts anderes als vielschichtige, polyphone, multimediale Kommunikation – ein babylonisches Stimmenwirrwarr, aus dem jeder etwas anderes wahrnimmt und das zusammengenommen wieder einen ganzen Sinn ergibt.

- Kommunikation ist bisher in jedem Projekt, das wir untersucht haben, als Problemfeld bezeichnet worden. Kommunikation ist also ein zentrales Thema – und viel mehr als nur Information.

Zum Thema sind in den letzten Jahren und Jahrzehnten so viele nützliche Bücher veröffentlicht worden, daß wir uns an dieser Stelle getrost auf wenige Stichworte und Hinweise beschränken können. Wenn wir mit diesem Wissen anschließend ein ganz normales Gespräch oder ein Projekt-Meeting „sezieren" können, geht es nicht darum, die Aspekte, die mit dem Projekt direkt gar nichts zu tun haben, vielleicht lebensgeschichtlich bedingt sind oder anderswo herrühren, zu unterdrücken, weil sie im Projekt nichts zu suchen haben, sondern es geht darum, sie zu unterscheiden und angemessen differenziert zu behandeln.

Vorgänge, die nicht direkt etwas mit dem Projekt zu tun haben, sollen durchaus eigenständig gestaltet werden, aber wiederum nicht hemmend in das Projekt hineinwirken. Wenn der Entwicklungschef im Task Force Meeting immer erst gezielt angesprochen werden muß, bevor er mit seinen Informationen herausrückt, dann ist möglicherweise zu klären, daß er damit seiner Bescheidenheit Ausdruck verleiht oder Angst vor dem Projektleiter hat oder in einer Krise steckt oder politisch taktiert oder etwas ganz anderes.

Das Projektteam kann sich um diese Dinge kümmern und muß sich überlegen, wie es an die wichtigen Informationen kommt -- mit oder ohne Entwicklungschef.

1. Kommunikation läuft auf mehreren unterscheidbaren Ebenenen ab (vgl. Böning 1991, S. 35-42):

    A Auf der *Sachebene* wird die Information übermittelt. Hier wird das „offizielle" Thema behandelt. Hier wird der verbal wahrnehmbare Teil einer Transaktion gesendet und empfangen.

    B Auf der *Beziehungsebene* wird der nichtsachliche Teil der Botschaft übertragen, emotionale, zum großen Teil nonverbale Signale gesendet und empfangen:
    B1 Der Selbstausdruck, den die sendende Person mehr oder weniger deutlich und bewußt von sich gibt.
    B2 Die Auffassung, die die sendende Person von ihrem Verhältnis zur empfangenden Person hat:
    – Grundeinstellung sich selbst und anderen gegenüber, z.B. „Ich bin ok – Du bist ok"
    – Emotionale Nähe zum andern
    (z.B. Sympathie bzw. Antipathie)

- Wertschätzung des Partners
- Beziehungsrang, d.h. die emotionale Über- oder Unterordnung (z.B. Sprechen „von oben herab")
- Beachtung von Normen und Spielregeln des Partners

B3 Die Aufforderung der sendenden Person an die empfangende Person (Appell).

2. Kommunikation kann in unterschiedliche Stilarten klassifiziert werden, zum Beispiel danach, welche Kommunikations-Ebene (vgl. oben) dominiert oder betont wird:

■ Das transaktionsanalytische Modell (Harris, 1977) unterscheidet in zweifacher Hinsicht Kommunikationsstile, erstens nach der Grundeinstellung der Beteiligten (z.B. „Ich bin ok – Du bist ok") und nach dem „Ich-Zustand" der Beteiligten (z.B. Kindheits-Ich gegenüber Eltern-Ich).

■ Aus dem Botschaften-Quadrat (Schulz von Thun, 1984 und 1989) leiten sich 8 Kommunikationsstile ab.

■ Daneben gibt es noch eine Vielzahl phänomenologischer Klassifikationen und nicht zuletzt Karikaturen, die die kommunikativen „Typen" heiter überzeichnen. Da finden wir das positive Pferd neben der streitsüchtigen Bulldogge, während der redselige Frosch ein Seitengespräch mit dem allwissenden Affen versucht. Der schlaue Fuchs, der ablehnende Igel, das schüchterne Reh und andere Gestalten begegnen uns so auf nette Weise wieder...

3. Kommunikation folgt Regeln und soll Regeln folgen, wenn sie effektiv sein soll für den Projekterfolg. Ein Konzept, dem wir uns persönlich verpflichtet sehen, ist die Themenzentrierte Interaktion (Cohn, 1975). Auf Workshops, Projekt-Hearings und moderierten Arbeitstreffen geben wir u.a. die folgenden „Spielregeln" aus:

■ Jeder versucht das zu geben und zu empfangen, was er geben und empfangen möchte.

- Jeder ist sein eigener Chairman und bestimmt, wann er redet oder schweigt und was er tut.

- Störungen haben (begrenzten) Vorrang.

- Jeder soll in der Ich-Form sprechen, nicht in der Man-Form.

- Jeder versucht sich darüber bewußt zu werden, was er wirklich sagen oder tun will, nicht das, was von ihm erwartet wird.

- Jeder möge Signale aus seiner Körpersphäre wahrnehmen und solche bei anderen beachten.

- Es darf nie mehr als einer reden.

- Seitengespräche haben Vorrang.

- Wenn eine Frage gestellt wird, soll zuerst gesagt werden, was sie dem Fragesteller bedeutet.

- Interpretationen anderer sollen so lange wie möglich vermieden werden. Reaktionen auf andere sind als Feedback erwünscht.

- Generalisierungen sollen vermieden werden.

Wenn Ihnen eine effektive und störungsfreie Kommunikation im Projekt wichtig ist, dann achten Sie auf folgende Aspekte:

- Sitzungsvorbereitung, Tagesordnung, Vorinformation,

- Moderation: Zielorientierte Prozeßsteuerung,

- Visualisierung von Themen, Beiträgen, Argumenten und Standpunkten,

- Disziplin im Umgang mit Terminen und Zielen,

Erfolgsfaktoren

- Freies Äußern von Vorschlägen, Aufgreifen und Erörtern,

- Gegenseitiges Akzeptieren, Zuhören und Aufbringen von Verständnis,

- Klares Trennen von Kommunikationsphasen, z.b. kreative Lösungssuche, Bewertung, Entscheidung usw.,

- Nach- und Aufbereitung von Sitzungen, Transparenz,

- Informationsfluß: Analysieren Sie, wer wann welche Infos zu welchem Zweck benötigt und wann diese Informationen bei wem entstehen.

- Organisieren Sie ein angemessenes Besprechungswesen. Kriterium für die Meeting-Intensität ist, was notwendig gemeinsam besprochen werden muß bzw. was eher dazu dient, die Tätigkeiten, die Einzelne alleine nicht lösen können oder wollen, auf das Team abzuwälzen.

- Organisieren sie ein angemessenes Berichts- und Dokumentationswesen.

Erfolgsfaktor Überfachliche Qualifikation: Teamfähigkeit

Nichtfachliche Qualifikationen sind zum Beispiel Kommunikationsfähigkeit, Kooperationsfähigkeit, Konfliktfähigkeit, Kritikfähigkeit, Ausdauer, Selbstorgansiatonsfähigkeit und andere mehr. Im Projekt sind überfachliche Qualifikationen überlebenswichtig, denn Projekte leben vom Zusammenwirken im Team. Damit gibt es aber in der Projektpraxis aus naheliegenden Gründen erhebliche Probleme:

- Während im normalen Unternehmensalltag die funktionale Stellengliederung Orientierung gibt, muß das Projektteam sich seine Aufgaben selbst definieren. Unsicherheit ist die Folge und sie überträgt sich auch auf die Teamleistung insgesamt.

- Bekannte und gewohnte individuelle Einstellungs- und Verhaltensmuster stehen häufig im Widerspruch zu innovativen Ansätzen. Widerstände und Blockaden sind die Folge. Am augenfälligsten ist das, wenn es um Verantwortung geht: Mit Selbstorganisation, Hierarchieabbau und Dezentralisierung der Entscheidungen ist für den Einzelnen die Übernahme von mehr Verantwortung verbunden. Viele sind aber gerade gewohnt, Verantwortung abzugeben. Und sie werden alles versuchen, ihre Verantwortung auf informellem Wege wieder loszuwerden.

- Die meisten Mitarbeiter haben überwiegend Erfahrungen als Einzelkämpfer und reduzieren die Teamaufgabe deshalb tendenziell auf Einzelbeiträge, die sie ableisten. Arbeit im Team wird nach wie vor eher als zeitraubend, ineffektiv und ineffizient wahrgenommen.

- Weil viele Mitwirkende über keine der Komplexität der Aufgabe angemessene Kommunikationsfähigkeit verfügen, wird die Vernetzung alsbald zur Verstrickung

- Ebensowenig ausgeprägt ist häufig die Fähigkeit, mit zwischenmenschlichen Prozessen, vor allem Konflikten umzugehen.

Das Vorantreiben der Team-Entwicklung ist Aufgabe des Projektleiters. Allerdings erfordert diese Aufgabe das Vermögen, sich selbst als Teil des Systems mitzubetrachten, also die eigene Person in einen Moderator und einen Mitbetroffenen aufzusplitten. Wenn die dazu erforderliche Übung fehlt oder wenn die Gruppensituation ein solches Vorgehen nicht sinnvoll erscheinen läßt (z.B. wegen fehlender Akzeptanz der Doppelfunktion), ist die Hinzuziehung eines externen Moderators anzuraten. Diese Lösung wird beispielsweise von Unternehmen der Automobilindustrie in Projekten im Rahmen des Simultaneous Engineerings gewählt.

Beachten Sie vor diesem Hintergrund folgende Leitsätze für das Zusammenwirken in Projektteams

- Sorgen Sie für ein stärkenorientiertes Arbeiten, das heißt je nach Projektphase treten andere Personen in den Vordergrund:
  in Chaosphasen die kreativen, visionären, in Strukturierungsphasen die analytisch-planerischen, in Umsetzungsphasen die kontrollierenden.

- Sorgen Sie zu Beginn der Zusammenarbeit und periodisch immer wieder für eine klare Definition der Rollen, Hauptaufgaben und Verantwortungen.

- Behandeln Sie schnell und offen Störungen auf der Beziehungsebene. Störungen haben Vorrang. Konflikte sind Chancen.

- Achten Sie auf die Einhaltung von einfachen Kommunikationsregeln:
  - Ausreden lassen,
  - erst verstehen, dann kritisieren,
  - Fragen begründen und
  - auf den anderen eingehen.

- Lassen Sie Fehler zu, legen Sie sie offen und geben sich und der Gruppe die Chance, daraus lernen.

- Sorgen Sie für eine offene Leistungsbeurteilung.

Erfolgsfaktor Motivation

Ist Motivation der Schlüssel zum Erfolg? Oder ist Motivation kontraproduktiv (Sprenger, 1991, S. 3-12), ein Verführungssystem zu fremdgesteuerter Leistung, das auf der Basis von Verdacht und Mißtrauen funktioniert? Das durch Bedrohen, Bestechen, Belohnen und Belobigen ein Leistungs-Strohfeuer bewirkt, nach dem die Arbeitsmoral früher oder später absinkt? Das passive, verwöhnte, unzufriedene und letztlich demotivierte Mitarbeiter produziert? Eine motivationstheoretische Aufarbeitung von Projektmanagement würde den Rahmen der Darstellung bei weitem sprengen. Ein paar Stichworte für den verantwortungsbewußten Projektleiter müssen genügen:

Motivatoren sind: Herausforderungen, Erfolgserlebnisse, Wir-Gefühl, Bindung., Selbständigkeit, Incentives, Karrierewirksamkeit, Honorar, Schnelligkeit, Intensität.

Demotivatoren sind: Desinteresse, Rückschläge, Mißerfolge, fehlende Unterstützung, schleppender Fortgang.

Erfolgsfaktor Projekt-Kultur

Das Phänomen, daß auch Organisationen ihre spezifische Kultur haben und leben und daß diese Kultur für den Erfolg, die Stabilität und das Verhalten in Organisationen von Bedeutung ist, wird inzwischen in Management-Theorie und -Praxis weitgehend akzeptiert. Dies unter der Perspektive, daß die gründlichste Veränderung eben auf dem Grund der Dinge erfolgt.

Kultur ist zwar etwas sehr tiefreichendes, zeigt sich aber zunächst an Äußerlichkeiten: „Einige Projektteams arbeiten mit querformatigen Unterlagen, andere mit hochformatigen; die einen favorisieren textorientierte Darstellungen, die anderen eher Grafiken. Auch der Arbeitsstil innerhalb der Projektteams ist unterschiedlich. Er reicht vom Einzelkämpfertum bis hin zum Gruppenfetischismus." (Scholz, 1991, S. 146)

Die (Projekt-, Unternehmens-, Organisations-) Kultur wird auch als der informelle Teil (Mühlfelder/Nippa, 1989, S. 377) oder als das implizite Bewußtsein (Scholz, 1991, S. 144) einer Gemeinschaft bezeichnet. Also: Kultur ist etwas wesentliches, das nicht vergessen werden darf. Und: Kultur ist etwas schwer erfaßbares. Es umfaßt Wertvorstellungen, Grundannahmen, Normen, Einstellungen, Verhaltensspielregeln, Symbole, Leitfiguren und andere Elemente, die

- zum einen sich aus dem Verhalten der Mitglieder der Gemeinschaft mit der Zeit herausbilden (Tradierung),

- zum anderen auf das Verhalten der Mitgleider zurückwirken bzw. das Spektrum ihrer Verhaltensmöglichkeiten eingrenzen (Tradition).

Die herrschende Projektkultur hat also Einfluß darauf, wie das Projektteam die Aufgabe sieht, wie es Lösungen sucht, welche Risiken es eingeht, welche Leistungsmotivation es hat, welches Maß an Selbst- bzw. Fremdkontrolle gewählt wird usw. Mehr noch: Die Projektkultur wirkt sich auf alle bisher beschriebenen Erfolgsfaktoren – harte wie weiche – aus und über sie in die Funktionen, Phasen, Handlungsebenenen, Philosophie, Ziele und Mittel des Projekts hinein – sie prägt das Projekt.

- Ein wichtiger unmittelbarer Ausdruck der Projektkultur ist der Teamgeist oder das „Wir-Gefühl" der Projektgruppe. Hier wird zugleich ein wesentliches Problem deutlich: „Teamgeist kann nicht angeordnet oder befohlen werden, sondern muß aus einer Überzeugung und aus gelebten Beispielen heraus wachsen" (Keplinger, 1992, S. 104)

- Indem sich die Projektorganisation in vielerlei Hinsicht von der dahinterliegenden Unternehmensorgansiation unterscheidet, sind auch Projektkultur und Unternehmenskultur verschieden. Das kann insbesondere dann zu Konflikten führen, wenn erstere aus partizipativen und partnerschaftlichen Regeln besteht und letztere eher direktiv und hierarchisch geprägt ist.
- Projektkultur ist immer vorhanden und wirkt sich stets aus, unabhängig davon, ob sich das Team damit auseinandersetzen will oder nicht.

- Projektkultur ist ein handhabbares Phänomen, mit dem sich das Projektteam bewußt und explizit auseinandersetzen kann.

- Projektkultur verändert sich allmählich, aber mit jeder Interaktion. Dabei zeigt sie entweder eine Tendenz zum Wandel (Progressive Kultur) oder eine Tendenz zur Verfestigung (Konservative Kultur).

Die Chance, die die Projektkultur dem Projektmanagement bietet, ist demnach, daß sie emotionale Bindungen schafft, zusätzliche Verarbeitungsmöglichektien für chaotische Zustände bereitstellt und insgesamt die Selbstorganisierung des Teams koordiniert.

Das Risiko besteht in möglichen Tendenzen der Selbstverstärkung, bis hin zur Erstarrung, die dem Projektteam letztlich jede Bewegungsmöglichkeit raubt. Eine Reihe solcher „Pathologien" haben wir in Kapitel 1 bereits aufgegriffen. Hier wird noch einmal deutlich, daß es sich um tradierte Muster im Sinne einer Kultur handeln kann, die zu jenen Spiralen führen.

Abbildung 14: Erfolgsfaktoren des Projektmanagements

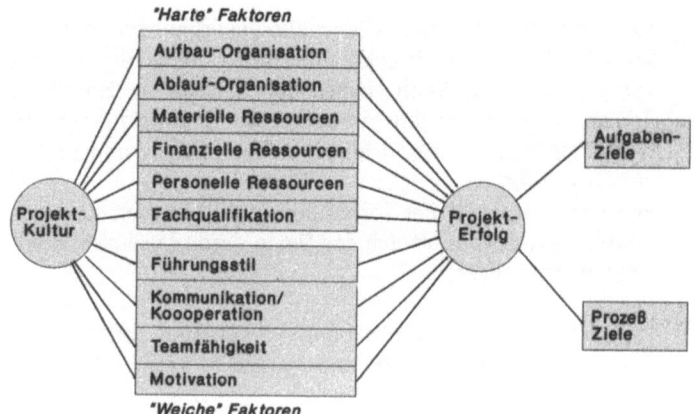

Erfolgsfaktoren

Ein erfolgsorientiertes Projektkultur-Management muß einen Prozeß gestalten können, der offen und veränderungsorientiert ist und gleichzeitig genügend Halt bietet. Es gibt eine Reihe von Möglichkeiten, die Projektkultur zu beeinflussen. Worauf müssen Sie achten?

- Direkt äußert sich die Projektkultur in Planung, Ressourcenzuteilung, Führungsstil, Organisation und Managementmethoden, also in allen schon erörterten Erfolgsfaktoren. Deren Gestaltung ist zugleich immer Kulturgestaltung.

- Nonverbale Kommunikation, z.B. Vorleben eines Leitbildes.

- Symbolische Handlungen, z.B. im Rahmen des Kick-off-Workshops oder des Projektabschlusses, Zeremonien.

- Pflege von Geschichten, der Erinnerung an besondere Ereignisse, auch: Anekdoten.

- Die Projektkultur soll mittelfristig nicht im offenen Konflikt zur Unternehmenskultur stehen.

Abbildung 14 stellt nun alle elf Erfolgsfaktoren in ihrem Zusammenwirken dar und öffnet den Blick hin zum Zielsystem des Projekts (siehe „Das Ziel- und Themensystem des Projekts").

Handlungsebenen im Projektmanagement

Ob Sie Ihre Funktion als Projektleiter gerade wahrnehmen oder einen chaotischen Phasenübergang vom Ideen-Chaos in einen Plan vollziehen oder die Team-Performance steigern – was immer Sie im Projekt tun, vollzieht sich und hat Auswirkungen auf mehreren „Handlungsebenen". Mit dieser weiteren Ausdifferenzierung des Projektgeschehens verfolgen wir das Ziel, Mißverständnisse im Ablauf zu vermeiden bzw. klären zu helfen. Handlungsebenen sind zugleich immer Ebenen der Auseinandersetzung. Dabei ist es wichtig, daß sich die Partner auf derselben Ebene befinden.

Zum besseren Verständnis mag eine Analogie aus der Technik helfen: Die Handlungsebenen sind vergleichbar mit den mechanischen, elektrischen und elektronischen Systemen eines Autos – jedes System kann für sich gesehen werden, doch erst in ihrem Zusammenwirken erschließt sich die Funktionsweise des Autos. Auf jeder Handlungsebene gelten andere Kriterien, nach denen gehandelt wird. Die Handlungsebenen bilden eine Hierarchie: Jede höhere Ebene ist komplexer als die darunterliegende und baut auf ihr auf. „Von unten nach oben" unterscheiden wir demnach fünf Ebenen, die in Tabelle 2-3 zusammengefaßt sind.

Informationsverarbeitung

Im Laufe der Projektarbeit werden große Mengen an Information gesammelt, aufbereitet, strukturiert und weitergegeben. Für die Beteiligten ist es von erheblicher Bedeutung, über eine gemeinsame und systematische Informationsverarbeitung zu verfügen. Dazu bedarf es eines Konzeptes, wenn nicht das Chaos Oberhand über Notizen, Versionen, Offene-Punkte-Listen, Ideenspeicher usw. gewinnen soll, auch wenn wir prinzipiell der Auffassung zustimmen, daß begnadete Chaotiker sich

Handlungsebenen

Tabelle 5: Handlungsebenen und Handlungskriterien im Projekt

Handlungsebenen	Handlungskriterien
Informationsverarbeitung	Erkenntnis
Lernen	Entwicklung
Technische Gestaltung	Machbarkeit
Soziale Gestaltung	Tragfähigkeit
Wirtschaftliche Ordnung	Nutzen
Politische Ordnung	Macht

schneller zurechtfinden als Klarsichthüllen-Freaks und Ordnungsfanatiker.

Das Ordnungsargument gilt in dem Moment, in dem mehrere Personen an Ablage- und Suchvorgängen beteiligt sind. Welche Ordnung gehalten wird, ist eigentlich egal – wenn überhaupt Ordnung gehalten wird und diese Ordnung untereinander besprochen und für gut befunden worden ist. Dies ist eine recht schwierige Form der Disziplin und eine erste Stufe der Selbstorganisation des Projektteams.

Nun wollen wir den geneigten Leser jedoch nicht ganz alleine lassen mit den schwierigen Problemen der Informationsverarbeitung und -ordnung und eröffnen daher einen Blick auf das TOKOM-Dokumentationssystem. Es zielt auf drei Stufen der Informationsverarbeitung, nämlich ungeordnete Informationen (CHAOS), zeitlich geordnete Informationen (CHRONOS) und inhaltlich geordnete Informationen (LOGOS).

Projektmanagement

- Chaos bezeichnet die Stufe, in der Informationen gesammelt werden, ohne sie in irgendeinen Bezug zu bereits vorhandenen und sortierten Projektinformationen zu setzen.

- Als erster allgemein verstandener und leicht zu benutzender Zugriffspfad auf vorhandene Information hat sich der chronologische Zugriff erwiesen. Informationseinheiten werden nach dem Kriterium der Entstehung in eine Reihenfolge gebracht (einfach gesagt: durchnumeriert). Zu entscheiden ist, was genau eine Informationseinheit ausmacht – es hat sich bewährt, Aktionen als Grundlage für die Bündelung von Einzelinformationen zu Informationseinheiten heranzuziehen. Aktionen sind beispielsweise Meetings, Vor-Ort-Besuche, Verhandlungen mit Lieferanten, Schulungen, aber auch einzelne Telefonate. Ein Verzeichnis aller Informationseinheiten und ihrer Einzelinformationen ermöglicht das Wiederfinden von Dokumenten, Notizen, Memos.

- Parallel zu der chronologischen Ablage wird eine logisch-thematische Projektdokumentation aufgebaut. Die Abkürzung TOR steht für ThemenORientierte Dokumentation. Sie enthält zum einen alle steuerungsrelevanten Informationen und zum anderen alle Sachinformationen.

Ein geringer Teil der vorhandenen Informationen wird im chronologischen und im thematischen Teil der Projektdokumentation geführt werden. Beide Teilen „leben"; der chronologische Bereich wächst ständig weiter und der TOR-Bereich ist regelmäßig zu aktualisieren, um die neuesten Arbeitsstände verfügbar zu haben.

Zum Beispiel findet sich im TOR-Bereich die jeweils aktuelle Versionsnummer eines Gutachtens, Lösungskonzeptes oder eines anderen Dokumentes. Vorversionen sind dagegen nur im chronologischen Bereich zu finden.

Der chronologische Bereich ermöglicht also die Rückwärtsverfolgung der Entstehung von Arbeitsergebnissen. Argumentationsketten, Um- und Irrwege können nachvollzogen werden –

Handlungsebenen

was von Bedeutung ist, wenn sich die Projektgruppe plötzlich fragt, warum sie sich vor vier Monaten für Lösungsweg A und nicht für Lösungsweg C entschieden hat.

Das Umwälzen der Informationen im TOR-Bereich ist nicht nur ein manueller Vorgang – er dient auch und vor allem dazu, die Struktur des Projektes zu überprüfen und fortzuentwickeln. Mit dem Sortieren von Dokumenten entstehen immer wieder Zuordnungsprobleme, die nur gelöst werden können, wenn man sich Klarheit über die Logik des Projektes verschafft. Dieser Prozeß macht den Unterschied zwischen Informationsablage und Informationsverarbeitung aus.

Sehen Sie sich einmal an dieser Stelle im Hologramm um: Wir befinden uns in der Dimension der Handlungsebenen und dort auf der Informationsverarbeitungsebene. Von hier aus sehen wir eine Verbindung zu den beiden Basisfunktionen „Strukturieren" (Wie organisieren wir das Projektwissen?) und „Generieren" (Wie verarbeiten wir zeitnah?). Eine weitere Verbindung sehen wir zum Controlling-Instrumentarium des Projekts, also in die Dimension „Mittel und Wege". Eine dritte Verbindung besteht zum Erfolgsfaktor „Kommunikation und Kooperation".

Weil bekanntlich nicht die große Linie, sondern die Kleinigkeiten in der Praxis dominieren, gehen wir nun einmal beispielhaft und kursorisch auf die vielen kleinen Probleme der Informationsverarbeitung in Projekten ein:

- Zur Steuerung der Informationen gehört die Festlegung von Verteilern. Meist gibt es nicht nur einen Verteiler, sondern verschiedene in Abhängigkeit der Art von Information, um die es sich handelt. Projektzwischenberichte haben beispielsweise einen anderen Adressatenkreis als Umsetzungsplanungen, Gesprächsnotizen einen anderen als Besprechungsprotokolle.

- Der Einsatz von Personal Computern zu Zwecken der Textverarbeitung, Grafikerstellung, Tabellenkalkulation und Datenverwaltung ist heute selbstverständlich. Probleme liegen darin, Standards über die Art der einzusetzenden Software zu verabreden, um unkompliziert Arbeitsergebnisse austauschen zu können. Die Vorteile der EDV schwinden, wenn durch Schnittstellenprobleme Zeiten für unproduktive Arbeiten wie die Herstellung von Kompatibilität aufgebracht werden müssen. Die Verarbeitung des vorliegenden Textes durch die Autoren und den Verlag ist ein gelungenes Beispiel. Dahinter steckt einmal ein Qualifikationsproblem – können alle Projektmitarbeiter mit der ausgewählten Software umgehen oder müssen einige umlernen? Zum anderen verbirgt sich hier ein technisches Problem: können alle Betroffenen auf die gleichen Versionen der Software zugreifen?

■ Durch die wachsende Bedeutung der Datenfernübertragung und der Vernetzung von Arbeitsplätzen entstehen große Rationalisierungspotentiale im Austausch und in der Verteilung von Informationen. Auf dem Software-Markt werden zunehmend Produkte angeboten, die gruppenbezogene Funktionen unterstützen – gemeinsamer Terminkalender, Zugriff auf eine gemeinsame Datei- und Verzeichnisstruktur, Electronic Mail usw. Allerdings sollte nicht unterschätzt werden, daß die technische Lösung des Problems ähnlich gut durchdachte Regelungen und Abläufe erfordert wie eine „Papier"-Lösung.

■ Alle Dokumente sollten routinemäßig mit einem Kopf ausgestattet sein, der Informationen über das Erstellungsdatum, die erstellende Person und – bei Speicherung mit Hilfe der EDV – über den Dateinamen und den Speicherort enthält.

Lernen

Da Projekte von ihrem Wesen her neuartige Aufgaben mit hohem Schwierigkeitsgrad sind, ist die Bearbeitung immer auch mit Lernprozessen verbunden. Die Zusammenarbeit von Experten unterschiedlicher Fachrichtungen in interdisziplinären Projektteams ist für alle Beteiligten mit Lernprozessen verbunden –

die Experten lernen voneinander. Erfolgreiche Projektarbeit setzt somit die Bereitschaft zum Erwerb neuer Sicht- und Verhaltensweisen, neuer Kenntisse und Fähigkeiten voraus.

Zum einen ist dabei zu unterscheiden, daß sowohl das einzelne Individuum als auch die Projektgruppe als Ganzes lernt. Zum andern sind nochmals zwei verschiedene Lernebenen zu unterscheiden. Es geht um den Erwerb neuer Kenntnisse und Fähigkeiten – diese Ebene wird hier als Lernen-1 bezeichnet. Und es geht darum, das Projekt als Ganzes zu verstehen, also etwas über sein Wesen oder seine Gestalt zu lernen - diese Ebene soll hier Lernen-2 heißen. (Lernen-1 und Lernen-2 in Anlehnung an G. Bateson)

Lernen-2
Die Entwicklung eines Projektes entspricht der Erkundung eines unbekannten Gebietes. Mit jeder Aktivität erfährt man mehr über den Gegenstand, die Schwierigkeiten, den Raum für mögliche Lösungen. Nicht immer findet man den direkten Weg zum Erfolg, manchmal sind Umwege, Schleifen oder Stopps erforderlich. Dieses Lernen über das Wesen des Projektes erfordert Offenheit für neue Blickwinkel und die Bereitschaft, traditionelle Verhaltensweisen in Frage zu stellen. Für das Lernen-2 stehen verschiedene Kanäle zur Verfügung:

- Versuch und Irrtum,
- Simulation,
- Experiment und
- Test.

Lernen-2 ist ein Prozeß, der alle betrifft. Nur wenn das Bild von der Gestalt des Projektes geteilt wird, bewegt sich das Projektteam auf gemeinsamem Kurs und nur dann kann jeder mit seinen Spezialkenntissen und -fähigkeiten größtmögliche Effizienz entfalten. Durch systematisches regelmäßiges Bewußtmachen der neu gesammelten Erkenntnisse und durch die Gegenüberstellung mit der Formulierung der ursprünglichen Ziele, Maßnahmen und Pläne kann die evolutionäre Eigendynamik des Projekts "gezähmt", zumindest nachvollzogen werden.

Projektmanagement

Lernen-1
Wenn die Probleme lokalisiert sind, der aktuelle Kenntnis- und Fähigkeitsstand erhoben und der Lernbedarf ermittelt ist, setzt Lernen-1 ein. Wir gliedern das Wissen inhaltlich in vier Felder:

1. Das Fachwissen enthält Informationen über den Projektgegenstand, z.B. Verkaufsstatistiken, Konstruktionszeichnungen, Normen, Gesetze, Produktbeschreibungen, usw.

2. Das Wissen über Kommunikation und Persönlichkeitsentwicklung enthält zum einen Informationen über Kommunikation, z.B. in Form von Kommunikationsmodellen, Diskussionsregeln, Konfliktlösungsstrategien usw. Darüber hinaus sind in diesem Feld auch Informationen zum Thema Persönlichkeitsentwicklung zu finden, z.B. über Denkstilpräferenzen, Umgang mit Streß usw.

3. Das Wissen über Arbeitsmethoden enthält Methoden und Instrumente für die individuelle und gruppenbezogene Arbeit, z.B. Zeitplanungsverfahren, Kreativitätsmethoden, Strukturierungstechniken, Entscheidungstechniken, Phasenschemata zur Problemlösung usw.

4. Das Umweltwissen faßt relevante Informationen zusammen, die nicht unmittelbar zum Thema gehören, es aber mittelbar beeinflussen.

Darüber hinaus gliedern wir Wissen nach seiner Aufbereitung bzw. Weiterverarbeitung in

■ Orientierungswissen (z.B. die Gliederung dieses Buches),

■ Vertiefungswissen (z.B. die theoretischen Aspekte dieses Kapitels),

■ Handlungswissen (z.B. die Durchführungshinweise im 3. Kapitel dieses Buches) und

■ Quellenwissen (z.B. das Literaturverzeichnis).

Handlungsebenen

WILLE - das Lernkonzept
für wissensbasiertes lebendiges Lernen

Wir sehen Lernen als einen kontinuierlichen Prozeß an, der sich aus der konkreten Projektsituation ergibt. Das zu Erlernende ist nicht bei allen Personen gleich, sondern hängt von der zu bewältigenden Aufgabe und den Vorkenntnissen ab. Daher muß das Lernen individualisiert werden. Die üblichen Lernwege erweisen sich angesichts des hohen Zeitdrucks als ungeeignet – es dauert manchmal mehrere Wochen, ehe ein Projektmitarbeiter zu einem Seminar angemeldet ist, und noch länger, bis die dort erworbenen Kompetenzen dem jeweiligen Projekt zugute kommen. Und oft lohnt es sich nicht, ein komplettes Seminar zu besuchen, weil nur Teile des vermittelten Wissens für das Projekt relevant sind.

Wir plädieren für eine andere Lernkultur: für arbeitsplatznahes, unmittelbar auf die konkrete Aufgabe bezogenes Lernen (und Lehren). Dieses Lernen erfordert zuallererst ein anderes Selbstverständnis des Lerners: er muß begreifen, daß ohne seine Initiative, sein Wollen kein Wissenserwerb möglich ist (im Unterschied zum üblichen Seminarbetrieb, in dem häufig „gesandte" Teilnehmer anzutreffen sind, über deren Seminarbesuch Dritte befunden haben). Das Konzept WILLE besteht im wesentlichen aus 4 Elementen, die zusammenwirken:

- Zentrale Akteure sind die Lernenden selbst. Sie tragen den Lernprozeß und die Verantwortung für das Ergebnis. Sie definieren die Lernziele und bestimmen den Weg dorthin. Sie müssen dazu ein bestimmtes Grundverständnis vom Lernen mitbringen, nämlich die Bereitschaft, vorhandene Vorstellungen infrage zu stellen, die Auffassung, daß es kein gesichertes Wissen gibt und die Verpflichtung, sich auf kontinuierliches Lernen einzulassen.

- Der Lernraum ist nahe am Arbeitsplatz und dennoch eine „Insel", auf der optimale Lernbedingungen herrschen. Hier stehen alle Medien bereit. Hier kann jeder nach seinem Lernstil arbeiten.

Abbildung 15: Die WILLE-Wissensorganisation

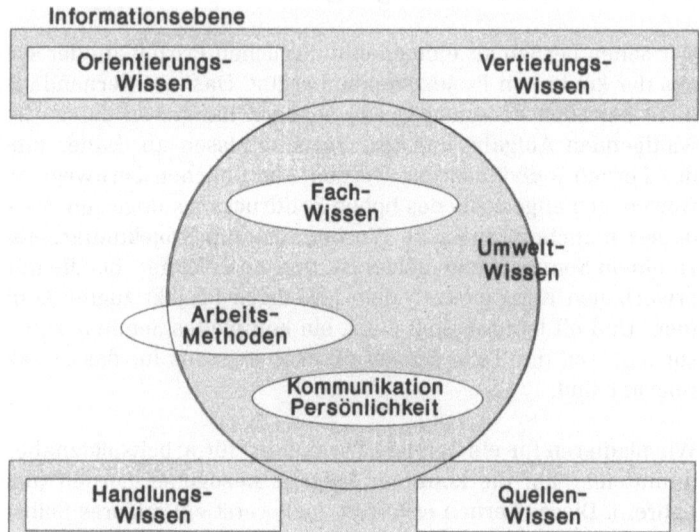

- Der nächste zentrale Faktor ist eine Datenbank – nicht unbedingt im EDV-technischen Sinne –, auf die der Lerner zugreifen kann. Diese Datenbank enthält für seinen Arbeitsbereich relevanten Informationen, gegliedert nach den oben beschriebenen Lernfeldern. Die Datenbank ist niemals fertig – sie entwickelt sich mit den Erkenntnissen der Lerner weiter und wird laufend ergänzt und „entschlackt".

- Eine weitere Voraussetzung für den erfolgreichen Lernprozeß ist eine Anleitung für den Selbstlern-Vorgang, mit der dem Lerner Schritte zum Lernerfolg aufgezeigt werden. Beim Lernen wird der Lerner durch einen Lernhelfer unterstützt, der eher Prozeßbegleiter ist als Lehrer im Sinne des

Frontalunterrichtes. Der Lernhelfer gibt Hilfe bei der Methodik des Lernens und nicht bei den Inhalten.

Neue Wege in der betrieblichen Aus- und Weiterbildung sind notwendig. Mit WILLE werden Lernprozesse beschleunigt, intensiviert und kostengünstiger gemacht. WILLE ist der entscheidende Schritt zur lernenden Organisation.

Technische Gestaltung

Fragen der technischen Gestaltung gehören zu den am besten gelösten in den Ingenieur- und Wirtschaftswissenschaften. Es gibt eine Vielzahl von Methoden und Vorgehensweisen zur Lösung der realtechnischen Aufgabenstellung.

- Im Bau- und Maschinenwesen zählen hierzu der Modellbau oder die computerunterstützte Simulation mit Hilfe von CAD-Systemen.

- In der EDV ist es u.a. das Prototyping, das in relativ kurzer Zeit zu einer „vorzeigbaren" Lösung führen soll.

- Im Bereich der Organisation kann die technische Gestaltung durch Pilotmaßnahmen ausprobiert und abgesichert werden.

Als nachteilig hat sich beim sequentiell orientierten Vorgehen erwiesen, daß schrittweise bestimmte Randbedingungen festgeschrieben werden, die später nur unter großem finanziellen Aufwand rückgängig zu machen sind, so z.B. beim Übergang vom Designer zum Konstrukteur, vom Konstrukteur zum Planer, vom Planer zum Fertiger, vom Fertiger zum Verkäufer. Einer Faustregel zufolge steigen die Kosten für die Beseitigung eines Fehlers mit jedem Schritt exponentiell an, den man entlang der Wertschöpfungskette zurückgeht.

Das Prinzip des Simultaneous Engineering besteht darin, in der Startphase eines Projektes durch intensive interdisziplinäre Zusammenarbeit grundlegende Parameter festzulegen, um in den nachfolgenden Realisierungsstufen reibungslos und ohne gravierende Schnittstellenprobleme vorankommen zu können. So kann beispielsweise der Fertiger den Konstrukteur schon frühzeitig darauf hinweisen, was fertigungstechnisch machbar oder problematisch sein könnte.

Hierin spiegelt sich ein Ausschnitt der japanischen Managementphilosophie wieder, die großen Wert auf umfassende Identifikation mit der Planung legt und dem Einigungsprozeß entsprechend viel Bedeutung und Zeit zumißt. Der Lohn dafür: geringer Widerstand in der Realisierung und Verringerung der Gefahr, Fehler aus den frühen Projektphasen erst spät und mit großem Aufwand zu beseitigen.

Soziale Gestaltung

Nach unserer Erfahrung scheitern Projekte nicht wegen fehlender fachlicher Problemlösungskompetenz, sondern wegen der Unfähigkeit zu produktiver Zusammenarbeit zwischen Menschen mit unterschiedlichen Charakteren, Ausbildungen und Berufserfahrungen. Die an der Projektarbeit Beteiligten bringen unterschiedliche Interessen mit, die sich aus persönlichen und arbeitsbereichsbezogenen Motiven ableiten. Diese Interessen überlagern zum Teil die sachliche Arbeit (Informationsverarbeitung) oder die Lernprozesse. Transparenz über die Interessen erleichtert die Zusammenarbeit, auch wenn es bei Klärung und Regelung von Interessensunterschieden zu offenen Konflikten kommen kann.

Das Vorankommen im Projektteam ist wesentlich vom Klima und den sozialen Beziehungen zwischen den handelnden Personen abhängig. Dasselbe gilt für die Zusammenarbeit zwischen dem Projektteam und den späteren Nutzern. Da der Begriff Klima nicht mit präzisen Inhalten belegt ist, eine kurze Erläuterung, was hier darunter verstanden werden soll. Klima steht für die Art des Umgangs miteinander und enthält folgende charakteristischen Merkmale:

Handlungsebenen

- Umgang mit Störungen und Konflikten,
- Integration des einzelnen in die Gesamtgruppe,
- Bereitschaft zum Eingehen auf Chaos, zur Öffnung gegenüber Neuem
- Offenheit und Vertrauen gegenüber den Teamkollegen und
- Umgang mit Fehlern.

Die Bearbeitung komplexer Themen erfordert ein funktionsfähiges, sich ergänzendes Team, in dem jeder seine individuellen Stärken zum Vorteil der Gruppe einbringen kann. Aus der Untersuchung hochproduktiver Teams im Software-Engineering ist bekannt, daß vor allem die Teams besonders leistungsfähig sind, in denen

- Mitglieder mit unterschiedlichen Denkstilpräferenzen vertreten sind, und
- die unterschiedlichen Stärken bewußt akzeptiert und eingesetzt werden.

Störungen in den Beziehungen, latente Konflikte, ungeklärte Rollen beeinträchtigen das Zusammenwirken und mindern die Teamproduktivität.

Wie kann das Klima entwickelt werden? So wie man nicht nicht kommunizieren kann (Watzlawick, 1972), so kann auch keine Gruppe zusammen sein, ohne daß sich irgendein Gruppenklima einstellt.

Die Weiterentwicklung des Klimas kann sich gelenkt oder ungelenkt vollziehen. Wir plädieren dafür, diesen Prozeß bewußt zu gestalten, um der Sollvorstellung vom hochproduktiven Team näher zu kommen. Dabei können die Gesetzmäßigkeiten der Gruppendynamik bezüglich der Teamentwicklung nicht unreflektiert übertragen werden. Aus Erfahrung wissen wir jedoch,

Projektmanagement

daß bei einem systematischen Herangehen an die Grundfragen des menschlichen Zusammenwirkens die Phasen der Teamentwicklung wesentlich beschleunigt werden können.

Prinzipiell gibt es vier Ansatzpunkte und – dem nachfolgend – vier Ansatzfelder zum Verständnis und zur Weiterentwicklung von Gruppenprozessen (Schulz von Thun). Tabelle 6 stellt die einschlägigen Maßnahmen zusammen.

Tabelle 6: Maßnahmen zur sozialen Gestaltung

	Prozeß	Struktur
Individuum	Transparenz über die kollektiven und individuellen Arbeitsziele und die Zielerreichung herstellen Feedbackrunden, in denen die Teammitglieder sich mit dem Fremdbild Ihrer Kollegen auseinandersetzen müssen	Einsatz von Selbstanalyse-Instrumenten, um die individuellen Stärken (Denkstilpräferenezen) für die eigene Person zu klären
System	Regelmäßiger Austausch über Beobachtungen zur Zusammenarbeit im Team (z.B. Tages- oder Wochenfazits)	Erarbeitung einer Reihe von Grundregeln für die Zusammenarbeit („Grundgesetz" des Teams)

Projektökonomie

Der Ausgangspunkt aller Projektökonomie liest sich ganz simpel: Unter ökonomischen Gesichtspunkten ist ein Projekt so zu steuern, daß der gewünschte Nutzen in einem sinnvollen Verhältnis zum Aufwand steht.

Beim Nutzen kann es sich um angestrebte Mehrumsätze oder Kostenersparnisse, um die Verbesserung des Images, der Marktposition oder um die Verwirklichung gesetzlicher Vorschriften handeln. Wichtig ist, daß der Nutzen in einer meßbaren Form formuliert wird. Bei Projekten, deren Nutzen sich unmittelbar durch monetäre Größen wie Umsatz oder Kostenersparnisse darstellen läßt, kommen die Methoden der Investitionsrechnung (z.B. Kapitalwertmethode, Amortisationsrechnung) zum Einsatz, um den Return on Investment zu bestimmen.

Bei Projekten, deren Nutzen sich nicht unmittelbar durch monetäre Größen ausdrücken läßt, sind andere quantifizierbare Maßstäbe zu entwickeln. Die Beurteilung des Nutzen-Kosten-Verhältnisses erfolgt durch Methoden wie die Nutzwertanalyse oder andere Methoden, in denen nicht-monetäre und monetäre Größen miteinander verrechnet werden.

Das Grundproblem der Nutzenabschätzung ist die Zurechenbarkeit der Projektarbeit zu den angezielten Ergebnissen. Wegen der bei Projekten definitionsgemäß neuartigen Aufgabenstellung ist nicht nur die Prognose des Nutzens, sondern auch die des Aufwandes ein schwieriges Problem.

Lassen sich innerhalb eines Unternehmens zumindest Kategorien gleichartiger Projekte bilden, so kann man auf der Aufwandsseite mit Verfahren wie der Function Point Method oder der Planning Point Method zu ersten Grobschätzungen bezüglich der benötigten Arbeitskraft kommen. Bei EDV-gestützten Verfahren zur Projektplanung wie z.B. Microsoft Project ist die Schätzung des Aufwandes anhand von Aufgabenstrukturplänen möglich. Den einzelnen Elementen des Aufgabenstrukturplanes werden Ressourcen zugewiesen, die mit einem bestimmten Preis pro Mengeneinheit bewertet werden. Voraussetzung zur Anwendung ist das detaillierte Durchplanen des Projektes bis zu seiner Fertigstellung.

Derartige Pläne haben in der Regel keine dauerhafte Gültigkeit, da Projektsteuerung nicht mit Hellsehen gleichzusetzen ist. Insbesondere bei den Übergängen von einer Projektphase zur nächsten, in denen sich, wie gesehen, Chaos und Neuorientierung abspielen, sind die Aufgabenstrukturpläne zu erneuern. Trotzdem ist die Verwendung derartiger Verfahren sinnvoll, wenn das Bewußtsein darüber vorhanden ist, daß die Projektkostenplanung in regelmäßigen Abständen zu überarbeiten ist.

Wie wiederholt betont, ist es illusorisch zu glauben, daß ein einmal aufgestellter Plan bis zum Ende des Projektes gilt. Ähnlich verhält es sich mit Investitions- und Kosten-Nutzen-Rechnungen: auch hierbei verändern sich die zugrundegelegten Parameter während der Projektlaufzeit.

Einzelne Parameter können sich ändern, ohne daß das Gesamtergebnis gefährdet wird, wenn ihre Veränderung durch die gegenläufige Entwicklung anderer Parameter ausgeglichen wird. Der Wert dieser Modelle liegt darin, daß sie Zielgrößen (z.B. Budgets) und Relationen liefern, die zur Projektsteuerung herangezogen werden können.

Im Laufe des Projektes ist also ein Netz von Faktoren zu steuern, die direkt oder indirekt auf die Wirtschaftlichkeit wirken. Die wichtigsten Faktoren sind im folgenden aufgezählt:

- Kapazität (zur Verfügung stehendes Personal, Sachmittel),

- Qualität (z.B. spätere Instandhaltungs- und Inbetriebnahmekosten),

- Vorgehensweise (z.B. Verfahren zur (Teil-) Zielerreichung),

- Termineinhaltung (Verzugskosten, Ausfallkosten) und

Handlungsebenen

- Zufriedenheit der Mitarbeiter (Ausfallkosten durch Krankheit, Verlangsamung des Arbeitstempos).

Beispiele für ökonomische Überlegungen im Projekt:

- Der Aufwand kann begrenzt werden, wenn die Qualitätsansprüche gesenkt werden.

- Bei gleicher Kapazität kann die Qualität nur gehalten werden, wenn der Fertigstellungstermin verschoben wird.

- Die gewünschte Qualität kann nur dann zum geplanten Termin geliefert werden, wenn die Mitarbeiter motiviert und zufrieden sind.

Das Projektcontrolling hat die Aufgabe, die ökonomischen Eckwerte zu verfolgen, Zusammenhänge aufzuzeigen und rechtzeitig Maßnahmen zur Gegensteuerung zu veranlassen, wenn Abweichungen zwischen der Planung und dem Ist auftreten. Ein solches Controlling-Konzept muß dann wiederum den Erfordernissen wissensbasierter, selbstlernender und selbststeuernder Organisationen genügen, um selbst ohne Nutzenverluste sich in das Projektgeschehen einzufügen (ein Beispiel für ein solches Konzept entwirft Noack, 1993).

Politik und Macht

Auf der politischen Handlungsebene wird sichergestellt, daß ein Projekt sinnvoll in den Gesamtkontext des Unternehmens eingebettet ist und angemessene Unterstützung durch die Hierarchie und andere Stellen erfährt. Diese Ebene kann einem Projektteam durchaus das Leben schwer machen:

- Die übergeordneten Ziele, aus denen sich das Projekt ableitet, sind im Wandel begriffen.

- Die Auftraggeber verfolgen mit dem Projekt taktische Zwecke (z.B. persönliche Profilierung).

Projektmanagement

- Die Auftraggeber sind sich nicht einig über die Ziele
- Ein Hierarch ist gegen das Projekt eingestellt.
- Es gibt Stellen im Unternehmen, die sich mit einer ähnlichen Thematik befassen (Doppelarbeit, Konkurrenz).
- Niemand interessiert sich für die Ergebnisse des Projektteams.
- Der Auftraggeber hat seinen Job gewechselt.

Alleine die regelmäßige projektinterne Reflexion der politischen Ebene bringt schon einen hohen Nutzen, weil die von außen auf ein Projekt wirkenden Faktoren ins Bewußtsein gerückt werden.

Das Projektteam kann das politische Feld über seine "Außenbeziehungen" aktiv mitgestalten; es sollte sich nicht allein auf die Aktivitäten eines Lenkungs- oder Steuerungsausschusses verlassen. Dazu gibt es verschiedene Ansatzpunkte:

- In der Startphase ist der Kontrakt zwischen dem Projektteam und der beauftragenden Stelle das wichtigste Element. Wesen des Kontraktes ist die wechselseitige Verpflichtung auf die Erreichung gemeinsam akzeptierter Projektziele und auf die Gewährung der dazu notwendigen Unterstützung. Im Kontrakt werden Ziele, Meilensteine, Qualitäten, Ressourcen, Randbedingungen, Kompetenzen und Berichterstattungsroutinen festgeschrieben. Mit dem Kontrakt wird ein Projekt strategisch, organisatorisch und informationell im Unternehmen verankert.

Ein bei Projektbeginn geschlossener Kontrakt ist nicht statisch zu sehen. Er kann sich im Laufe der Zeit fortentwickeln. In regelmäßig einzuberufenden Projekt-Reviews ist zu prüfen, inwieweit eine Veränderung einzelner Positionen notwendig ist. Auf diese Weise wird die Verbindung mit dem sich verändernden Umfeld gehalten. Wir verwenden

den Begriff Kontrakt absichtlich anstelle des Begriffes Auftrag, da die Akzeptanz des Projektrahmens Voraussetzung für die Identifikation des Projektteams mit seiner Aufgabe ist.

- Um das Interesse an einem Projekt hochzuhalten und im Unternehmen wahrgenommen zu werden, braucht man so etwas wie eine „Öffentlichkeitsarbeit". In kurzen Abständen wird über den Projektstand, die aktuellen Themen, Schwierigkeiten und Erfolge berichtet. Der Bericht wird an den Lenkungsausschuß, an die Mitarbeiter, die an ähnlichen Themen arbeiten usw. verschickt. Auch Artikel in Betriebszeitungen oder die Veranstaltung von Informationsmärkten sind denkbar.

- Durch die Identifikation und Gewinnung von formellen Schlüsselpersonen und informellen Meinungsführern wird das Projekt nach außen hin abgesichert.

- Ein Vorgehen, bei dem das Projektteam eng mit den Betroffenen zusammenarbeitet, sichert frühzeitige Akzeptanz der bevorstehenden Änderungen und reduziert den Widerstand gegen die Lösungsvorschläge. Das Projektteam und die späteren Anwender bilden gemeinsam eine starke Koalition.

Das Ziel- und Themensystem des Projekts

Die Ziele sind es, die ein Projekt zum Projekt machen. Die Ziele unterscheiden die Projekte untereinander, während Funktionen, Faktoren, Phasen, Philosophie und Handlungsebenen dieselben bleiben können.

Freilich ist Ziel nicht gleich Ziel. Mit dem einen Projekt will die Partei die nächste Bundestagswahl gewinnen, mit dem anderen

Abbildung 16: Ziel- und Themensystem eines Projekts "Total Quality"

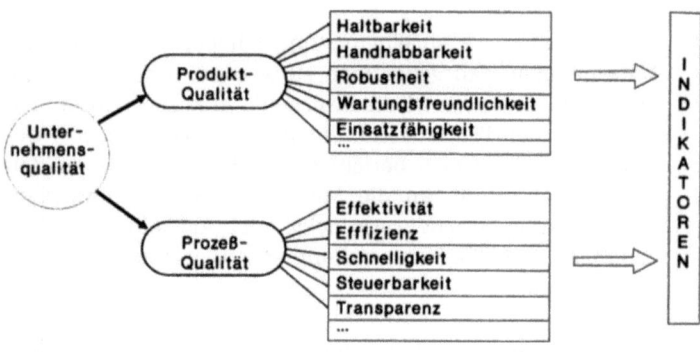

will der Ortsverband Reinbek 2000 Haushalte mit dem Parteiprogramm versorgen. Ziele werden offensichtlich unterschiedlich allgemein bzw. konkret formuliert und können dementsprechend auch einander über- oder untergeordnet sein.

Wir stellen einmal beispielhaft vier Zielartikulationen vor, die sich in der Projektpraxis relativ häufig wiederfinden:

- Ein sogenanntes strategisches Ziel ist z.b. eine hohe Unternehmensqualität. Der ABB-Konzern formuliert es in einer Konzernanweisung so: „The hallmark of ABB should be quality". Strategische Ziele gelten auf lange Sicht, sollen zur Gänze erreicht werden (im Unterschied etwa zu Werten, wie Freiheit oder Gerechtigkeit, die Orientierungen darstellen), sind aber, für sich genommen, noch nicht näher bestimmt.

Das Zielsystem

- Auf einer konkreteren Stufe der Artikulation werden strategische Ziele in Zieldimensionen differenziert: Unternehmensqualität zeigt sich zum einen an den Produkten bzw. Leistungsergebnissen des Unternehmens, zum anderen an den Leistungserstellungsprozessen des Unternehmens. Zieldimensionen richten sich also auf konkrete Objekte oder Merkmalsträger, an denen strategische Ziele festgemacht werden können.

- Zieldimensionen werden weiter konkretisiert und differenziert zu Einzelzielen. Die Produktqualität zeigt sich in Haltbarkeit, Robustheit, Wartungsfreundlichkeit, Umweltverträglichkeit usw. Die Prozeßqualität zeigt sich in Effektivität, Effizienz, Schnelligkeit, Transparenz usw. Einzelziele definieren also die Merkmale, worin die allgemeinen Ziele bestehen.

- Zielnormen sind schließlich einer quantitativen Messung zugängliche Merkmale, die die Einzelziele jeweils repräsentieren und einer Bewertung zugänglich machen. Oberflächenhärte ist z.b. ein Indikator für die Robustheit eines Bauteils. Der Quotient aus Entwicklungszeit und Function Points mißt die Effizienz eines Entwicklungsverfahrens.

Je abstrakter ein Ziel formuliert ist, desto tiefer verinnerlicht und desto allgemeingültiger ist es. Umgekehrt: je konkreter ein Ziel ist, umso stärker ist es handlungsorientiert und umso vergänglicher ist es. Allgemeinere Ziele rechtfertigen konkretere Ziele und konkretere Ziele sind Mittel bezüglich allgemeinerer Ziele.

Im Ergebnis können Projekte eine Zielhierarchie aufweisen aus über- und untergeordneten Zielartikulationen, zwischen denen Rechtfertigungs- und Ableitungsbeziehungen bestehen. So weit, so gut. Aber wie kommt das Zielsystem eines Projekts zustande? Die naive Vorstellung, daß ein allgemeines Projektziel per Übereinkunft angenommen und verabschiedet wird, um die konkreteren Ziele anschließend daraus abzuleiten, greift aus zwei Gründen zu kurz:

- Es gibt in der Regel zu viele Möglichkeiten, Unterziele zu bilden.

- Der Vorstellung liegt die Illlusion zugrunde, man könne den Zielbildungsprozeß selbst wertfrei halten. Da aber die Wirklichkeit mit jeder Konkretisierungsstufe auch bewertet wird, bietet die „Ableitung" keinen inhaltlichen oder methodischen Vorteil. Auf allen Zielebenen ist Konvention gefragt. Und die müssen gemeinsam erarbeitet bzw. erstritten werden, damit die Projektgruppe sie nachher trägt.

Aber auch das Ansinnen, das Zielsystem nach seiner Verabschiedung als abgeschlossenes Ganzes zu behandeln, „läuft Gefahr, daß dadurch kreative Spielräume und innovative Handlungsfelder beschnitten bzw. nicht ausgeschöpft werden." (Balck, 1989, S. 398) Mehr noch: „Ziele sind nicht nur eine Sache des Anfangens ... Sie unterliegen vielmehr Veränderungen und Anpassungen" (ebenda). Das heißt: der Zielfindungs- und -artikuierungsprozeß begleitet das ganze Projekt und hat lediglich ein besonderes Gewicht zu Projektbeginn. „Die Forderung nach klaren, eindeutigen und verbindlichen Zielen am Projektanfang bleibt unerfüllbar, wenn der Zielfindungsprozeß Schwierigkeiten macht. Das Finden der richtigen Ziele wird dann seinerseits durch projekthaftes Vorgehen organisiert und kann bis in detailbezogene Konkretisierungsphasen hineinreichen" (Balck, 1989, S. 397).

Bleibt die Frage: Wo fängt man am besten an? Der evolutorisch denkende Projektmanager weiß die Antwort: Eine ausgeprägte Problemorientierung steckt den Zielkorridor ab. „Ziele werden überhaupt erst als Phänomen verständlich, weil sie in ihrem Werden in das Blickfeld rücken. Erst auf dem Boden von Problemdefinitionen und Potentialbestimmungen lassen sich die eigentlichen handlungsleitenden Ziele erkennen und bewerten. Das Setzen von Zielen tritt als Prozeß in Erscheinung, der sozusagen die evolutionäre Linie einer Projekthandlung markiert." (Balck, 1989, S. 400) Daß dies nicht nur theoretische Erkenntnis, sondern praktische Realität ist, erfahren wir im Kontext von Entwicklungshilfe-Projekten, in denen sehr häufig die Pläne selbst vielfach ignoriert werden, der Projektplanungsprozeß aber stets als nützlich betrachtet wird (Weltbank, 1983, S. 62). Dem trägt auch das Instrumentarium „Zielorientierte Projektplanung" (ZOPP) Rechnung. Es stellt konsequent die Problemanalyse vor die Zielanalyse, die dann „nur" noch im positiven Umdefinieren der Problemstruktur besteht.

Mittel und Wege

Dem Instrumentarium des Projektmanagements ist ein ganzes Kapitel (das vierte) gewidmet. Mittel und Wege sind aber nicht als Dinge außerhalb des Projektmanagement-Systems zu verstehen, die von außen, autonom gesetzt und gesteuert, auf das Ganze einwirken. Auch die Dimension „Mittel und Wege" ist Bestandteil des Hologramms und als solcher nicht von den übrigen Dimensionen zu trennen, lediglich in der Betrachtung zu unterscheiden. Instrumente beeinflussen einerseits Basisfunktionen, Erfolgsfaktoren, Handlungsebenen und auch die Zielbildung.

Instrumente werden andererseits aus allen anderen Dimensionen des Hologramms heraus beeinflußt. Weil das so ist, greifen die mechanistischen Modelle zu kurz, weil ausgerechnet die Instrumente, das was man in der Hand hat, zu starr und zu träge sind gegenüber Parameterveränderungen im System.

Mittel und Wege im Projekt sind aber mehr als nur Instrumente. Es geht nicht um die Frage: Was nehmen wir aus unserem Baukasten mit? Sondern vielmehr: Wo gehen wir lang? Wie gehen wir vor? Neben der Philosophie stecken Mittel und Wege also auch den Bezugsrahmen für die Einzelinstrumente ab.

Das dritte Kapitel bietet die Möglichkeit an, eine Bestandsaufnahme im Hologramm zu machen. Aus dem Angebot im vierten Kapitel könne Sie dann Instrumente aussuchen, die zu den besonders wichtigen, dringlichen, schwachen oder auch starken Punkten in Ihrem Projekt-Hologramm passen.

Projektmanagement-Philosophie

Was hat die Philosophie im Projekt-Management zu suchen? Ist die Auseinandersetzung mit dem Hologramm nicht schon theoretisch und abstrakt genug? Nun – es macht schon Sinn, auch nach den Grundsatzentscheidungen im Projektmanagement zu fragen. Gerade in Zeiten des Paradigmenwechsels ist eine kurze Reflexion sinnvoll.

Mit Philosophie ist eine Grundorientierung des Projektmanagements gemeint, die alle Entscheidungen über Funktionen, Phasengestaltung, Bestimmung der Erfolgsfaktoren, Bezüge zu Handlungsebenen, Zielartikulationen und Mittelauswahl „einordnet" bzw. bestimmte Ausprägungen auch ausschließt. Ein Beispiel – wieder aus dem Bereich von Entwicklungsprojekten:

„Partizipation ist ... sowohl Ziel als auch Mittel der Zusammenarbeit. Als normative Zielsetzung bezeichnet sie die Beteiligung von Bevölkerungsgruppen an Planungs- und Entscheidungsprozessen und ihre Teilnahme an den Ergebnissen und dem Nutzen eines Projektes, um ihre Selbstverwirklichung zu fördern und eine eigenständige Entwicklung zu initiieren und zu stärken. Als Mittel der Zusammenarbeit ist sie eine wesentliche Voraussetzung für den Projekterfolg und die Sicherung der Nachhaltigkeit der Projektwirkungen, weil die Betroffenen ihre Problemlage selbst am besten kennen und darauf aufbauende Bedürfnisse und Zielsetzungen abgeleitet werden können." (Küper, 1987, S. 134) Allgemeine „philosophische Fragen", die im Zusammenhang mit einem konkreten Projekt geklärt werden müssen, sind zum Beispiel:

- Inwieweit sollen Routinen für das Projekt genutzt werden bzw. inwieweit soll das Projekt als evolutorischer Prozeß geführt werden?

- Inwieweit sollen fremdgesteuerte Prozesse und inwieweit sollen selbststeuernde Prozesse im Projekt eine Rolle spielen?

Das Zielsystem

- Inwieweit läßt sich das Projektteam auf chaotische Prozesse ein und inwieweit besteht die Gruppe auf vorbestimmten Abläufen?

- Inwieweit agiert jeder Beteiligte auch als Teil des Systems und inwieweit versucht er, aus der Distanz in das Geschehen einzugreifen?

Die Wanderung durch die sieben Dimensionen des Projektmanagements ist damit fürs erste beendet. Wir haben eine Vielfalt von Einzelheiten aufgegriffen und dabei versucht, über eine klare Gliederung und zahlreiche Hinweise auf Sprünge und Schnittstellen den Blick für das Ganze zu erhalten.

Wenn dennoch die Verwirrung jetzt erst einmal groß ist, so ist das durchaus gewollt. Schließlich taucht Wissen mal in der Funktion des Strukturierens, mal im Erfolgsfaktor Fachqualifikation, und mal auf der Handlungsebene Lernen auf. Ideenfindung ist eine Phase und eine Funktion. Organisation ist Erfolgsfaktor und Basisfunktion. Was ist Klima im Unterschied zu Kultur im Unterschied zu Projektphilosophie? Was unterscheidet Führung als Funktion von Führung als Erfolgsfaktor?

Vielleicht bringt das folgende Beispiel noch einmal Klarheit, indem es Elemente der sieben Dimensionen noch einmal unterscheidbar darstellt:

Das Ziel des Projekts sei es, von der Rosettahütte mit vier Personen auf den Gipfel der Cima Vezzana zu gelangen und bis Einbruch der Dunkelheit wieder heil am Rollepaß anzukommen. Einzelziele sind die Gratschulter, eine Biwakschachtel im Aufstieg, und die Baita Segantini im Abstieg.

Es gibt mindestens fünf Wege, vom Ausgangspunkt bis zum Gipfel hinauf und ebensoviele, um vom Gipfel hinunter zum Paß zu gelangen. Alle sind verschieden lang und verschieden schwer.

Die Mittel auf diesem Weg sind: die Tritte und Griffe, die Rinnen, Kamine, Bänder, Leisten, Blöcke, die wir nutzen. Die Instrumente dagegen sind: Dreipunkt-Klettertechnik, Abseilsitze, die spezielle Sicherungsmethode usw. Nicht zu verwechseln sind die Instrumente mit der materiellen Ausstattung, einem unserer Erfolgsfaktoren: Pickel, Steigeisen, Karabiner, Klemmkeile, Helm und anderes mehr. Die personellen Ressourcen sind wir selber, unsere Motivation ist hoch; auf finanzielle Ressourcen können wir getrost verzichten, weil sie uns nichts nützen. Das Controlling liegt bei dem, der Karte und Kompaß mitführt. Die Führungsfunktion teilen wir uns kommunikativ. Und dann gibt es noch eine Philosophie, die nichts mit den Techniken zu tun hat und sie dennoch bestimmt: Den Weg und die Umwelt so zu verlassen, wie wir sie vorgefunden haben.

Vom Hologramm zum Helogramm

Wir haben nun sieben Dimensionen beschrieben, in denen sich Projektmanagement abspielt. Jede reale Projektsituation ist erst vollständig beschrieben und begriffen, wenn alle sieben Dimensionen gesehen werden. Vielleicht erweist es sich sogar als sinnvoll, noch weitere Dimensionen zu unterscheiden. Auf Vollständigkeit kommt es uns jedoch weniger an als auf das Gesamtbild und um die theoretische und praktische Bedeutung dieses Bildes.

Praktische Konsequenzen für das Projektmanagement

Von unserer Wanderung durch das Hologramm zurück, formulieren wir die folgenden Thesen zur Projektpraxis:

- Jede Aktivität im Projekt berührt jede Dimension des Projektmanagements

- Alle Dimensionen wirken zusammen. Sie sind jedoch einzeln und „unabhängig" voneinander darstellbar und (dem Ansatz nach) zu beeinflussen und zu gestalten.

- Wird eine Dimension ausgeklammert bzw. nicht einbezogen, nützt die Optimierung in den verbleibenden Dimensionen auch nichts.

- Die einzelnen Bestandteile des Bildes sind bekannt. Neu ist die Zusammenschau:
  - das Zusammenwirken ahnen und erkennen (Bewußt-Sein),
  - Strukturen im Chaos erkennen und gestalten (Handlungs-Fähigkeit),
  - Synergien erzeugen und nutzen (Effizienz).

- Das Modell macht
  - Projektarbeit einfach, ohne die Komplexität unzulässig zu ver-einfachen,
  - Vielfalt erfahrbar, ohne übermäßig zu verwirren.

Abbildung 17: Einheit in Vielfalt: Das Hologramm

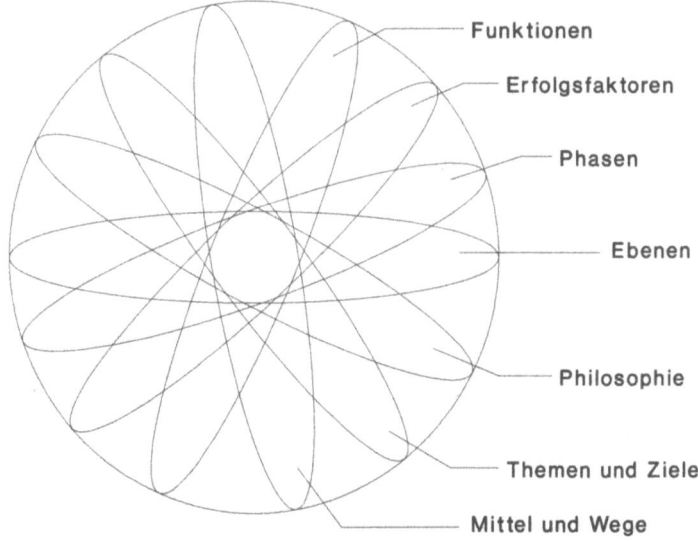

Projektmanagement

■ Wer die Vielfalt begreifen und Qualitätssprünge machen will, muß bereit sein, sich verwirren zu lassen und vorübergehend die Orientierung zu verlieren, denn das heißt, sich von herkömmlichen Vorstellungen zu lösen.

Wir haben schon zu Beginn dieses Kapitels gesagt, daß wir kein optisches Bild und kein anfaßbares Modell unserer Vorstellungen von Projetkmanagement liefern können. Die Assoziation des Hologramms deutet aber die Richtung an, in die unsere Vorstellung geht: Mit jeder Veränderung des Blickpunktes sieht das Bild anders aus, aber es ist immer dasselbe Bild. Das Ganze und die Details sind gleichermaßen zu erkennen.

Unter verschiedenen Blickwinkeln kommt man zu unterschiedlichen Teilansichten. Deshalb sind die Abhandlungen anderer Autoren zum Thema Projektmanagement allesamt richtig oder zumindest nicht falsch. Sie stellen aber immer nur einen oder wenige Teilaspekte des Projektmanagements dar. Und: Sie sind semantisch untereinander nicht vergleichbar. Wenn Sie vier für sich genommen hervorragende Lehrbücher gelesen haben, sind sie auch verwirrt.

Wir haben unser Bild von Projektmanagment schließlich HELO-GRAMM genannt und nicht Hologramm, weil uns die Vielfalt der Möglichkeiten, sich von einer Dimension zur anderen zu bewegen, unendlich groß erscheint und wir daher zumindest begrifflich die Grenzen zwischen den Dimensionen aufheben wollen. Man kann sich durch dieses virtuelle Gebilde bewegen wie das Sonnenlicht – Helios – und von einer Dimension auf eine andere reflektieren, spiegeln, den Blick in Prismen zerteilen und wieder bündeln... Eine irgendwie geartete Darstellung „macht die Struktur des virtuellen, im Kopf des Konstrukteurs vorhandenen Gegenstands sichtbar und hilft diesen auch zu ordnen." (Schneider, 1989, S. 149) Für die Darstelllung und Gestaltung eines mehrdimensionalen Gegenstandes hat das zwei wichtige Konsequenzen:

■ „Gleichgültig, in welcher Ansicht (in welcher Dimension) der Darstellung wir zu ändern beginnen, zieht dies Änderungen an den anderen Ansichten nach sich" (Schneider, 1989, S. 150) Wenn Sie also die Controlling-Funktion neu bestimmen, ändern sich die Machtverhältnisse auf der politischen Ebene, beginnt eine neue Projektphase, verschieben sich Zielgewichte und Ziel-Mittel-Relationen, entsteht Kommunikationsbedarf. Wenn dann das virtuelle Bild nicht „angemessen", also zu einfach, zu grob gerastert, nicht isomorph ist, führt dies u.U. zur Fehlsteuerung. Zumindest entziehen sich wichtge Aspekte des Projektmanagements dann der Kontrolle durch den Projektmanager.

Stellen Sie sich vor, sie setzen gerade ihr Projetkteam zusammen. Gehen wir davon aus, daß die Arbeits- und Kompetenzverteilung an den fünf Basisfunktionen ausgerichtet ist. Gehen wir weiter davon aus, daß jedem Teammitglied klar ist, wofür es in den einzelnen Phasen zuständig ist. Gehen wir schließlich davon aus, daß die Besetzung mit dem Zielsystem des Projkts abgestimmt ist und die Mitglieder die Projektphilosophie repräsentieren und leben. Aber haben Sie auch bedacht, welche Konsequenzen die Teambildung darauf hat, wie in der Mannschaft Informationen verarbeitet werden, wie sie lernt, wie sie Konflikte austrägt, wirtschaftet und politisch handelt?

■ „Trennen wir die Ansichten und stellen sie auf einzelnen Blättern dar (nichts anderes ist das Kapitel 2), so bleibt immer noch der Ordner (die Gliederung und das Gliederungsprinzip) wirksam. Fällt er weg bzw. wird gegen ihn verstoßen, ist keine eindeutige Aussage mehr gegeben; das Chaos greift um sich mit seinen verschiedenen Interpretationen von dem, was nun eigentlich „tatsächlich" dargestellt ist ..." (Schneider, 1989, S. 151)

Unser Anspruch ist es, auf der theoretischen Ebene einen solchen Ordner bereitzustellen, um darin, also in den Einzeldimensionen und zwischen ihnen, Chaos und bearbeitbare Verwirrung zu ermöglichen und entstehen zu lassen, und der einen Bezugsrahmen bietet mit genügend Halt und Orientierung.

Fazit zur Projektpraxis: „Wir können komplexe Sachverhalte steuern und lenken, allerdings nicht im Detail, sondern nur bezüglich der grundsätzlichen Charakteristika. Man benötigt daher ein beträchtliches Maß an Einsicht in die Zusammenhänge und Gesetzmäßigkeiten selbstorgansierender Systeme" (Malik, 1989, S. 109f)

Theoretische Konsequenzen für das Verständnis von Projektmanagement

■ Systemisch-evolutionäres Denken führt zu einem neuen Verständis von Projektmanagement, das problemangemessener ist als ein mechanistisch-deterministischer Ansatz.

■ Die Abkehr von einem vorbestimmten durchgeplanten Projektablauf und von deterministischem Denken erscheint notwendig. Chaos, Offenheit und Unbestimmtheit werden zugelassen.

■ Um Projekte in jeder Phase zu begreifen, sind kontinuierliche Lernprozesse notwendig.

■ Die Nutzung des Teamgedankens und Kommunikation ist notwendig, um Komplexität zu gestalten.

■ Die hohe Bedeutung von Phasenkonzepten und Planungsinstrumenten wird angemessen relativiert. Das Instrumentarium wird – den gewandelten Anforderungen entsprechend – weiterentwickelt.

„Eine wie auch immer erneuerte Methodenlandschaft des Projektmanagements wird nicht als monolithische Lehre gedacht. Angestrebt wird vielmehr ein offenes Netzwerk von Konzepten und Regeln, in dem sich Gegensätzliches vereinigen läßt und in dem Feedback für fruchtbare Begegnungen offen gehalten wird." (Balck, 1989, S. 1f) Was heißt vor diesem Hintergrund „Ganzheitliches Management"? „Ein ganzheitliches, zukunftsorientiertes Konzept des Projektmanagements muß sich durch die Integration unterschiedlichster Vorgehensweisen und Lösungen sowie die Bereitstellung theorie- und erfahrungsgeleiteter situationsgerechter Handlungsempfehlungen auszeichnen" (Mühlfelder/Nippa, 1989, S. 372). Alles in allem stellt sich Projektmanagement nicht als großer Theorieentwurf dar, sondern „wohltuend" pragmatisch unter dem Leitgedanken „Fit for Projects".

3. Dramaturgie für Arbeitstreffen

Bisher haben wir Projekte aus einer mehr oder weniger statischen Perspektive angesehen, auch wenn wir sie mehrfach veränderten. Unser Interesse galt vorwiegend strukturellen Fragen: Welche Aspekte hat ein Projekt? Wie sind diese Aspekte sinnvoll zusammenzufassen und zu gliedern, ohne daß sie ihren inneren Zusammenhang durch die Darstellung verlieren? Das Ergebnis ist das Bild eines Hologramms: Ein vieldimensionales Gebilde, in dem die Übergänge fließen.

In dem Bemühen, die Komplexität begreifbar zu machen, eine siebendimensionale Topographie zu erschließen, haben wir sozusagen bei jeder einzelnen Einstellung die Zeit angehalten und Momentaufnahmen wiedergegeben. Selbst wenn von Projektphasen die Rede war, befanden wir uns zu einem festen Zeitpunkt des Denkens und Argumentierens immer genau an einer lokalisierbaren Stelle des Hologramms.

Die Projektarbeit zeichnet sich aber gerade dadurch aus, daß zu jedem Zeitpunkt an allen Stellen im Hologramm sich etwas verändert.

Deshalb stehen nunmehr ganz andere Fragen im Vordergrund: Wie kann man das so vielgestaltige Projekt-Hologramm in Abläufen wiederfinden, in Folgen von Ereignissen, festen Arbeitsschritten des Projektteams und der einzelnen Projektmitarbeiter, ohne daß diese dabei die Orientierung, die Richtung und den Kontakt verlieren? Wie behält man alle Beteiligten in einem laufenden Prozeß im Auge? Und die Funktionen!? Und die Handlungsebenen!? Und die Ziele!? Und die Erfolgsfaktoren...

Mit anderen Worten: Bisher haben wir theoretisch vorgedacht und -gearbeitet. Und jetzt kommt die Praxis. Und in der Praxis

Problemkreise

sehen wir uns mit der altbekannten Killerphrase konfrontiert, daß das alles ja gut und schön sei – Komplexität und Ganzheit, Hologramm und Dimensionen, vernetztes Denken und Blick öffnen - aber in der Realität sei eben alles ganz anders.

Wer kennt die scheinbare Bestätigung der Phrase nicht aus vielen Meetings: Dem einen ist gerade mal wichtig, was der Projektleiter gestern am Telefon zu ihm gesagt hat und was nicht. Der andere argumentiert aber ständig mit der Planung der übernächsten Woche. Der Rest dümpelt unbeteiligt vor sich hin.

In unserem Bild liest sich das so: Der eine ist an einer anderen „Stelle" im Hologramm als der andere. Und beide können sich deshalb nicht „sehen". Weil die Vorstellungskraft des Denkens die Grenzen zwischen den Dimensionen nicht überwindet. Noch „schlimmer", wenn ein Teilnehmer von einer Dimension in die andere geht, ausgelöst durch irgendeine Assoziation, kommt das den anderen an wie ein Sprung – unzusammenhängend, nicht nachvollziehbar.

Wenn wir uns auf das Denken und Handeln im Hologramm einlassen, so hat das weitreichende Folgen. Für den Projektablauf hat es vor allem die Konsequenz, den Anspruch fallenzulassen, stets alles nachvollziehen zu können. Vertrauen ist im Projektmanagement absolut notwendig. Der Wahlspruch „Vertrauen ist gut – Kontrolle ist besser" verliert hier seine Bedeutung zugunsten von „Kein Projekt ohne Vertrauen und Controlling".

Aber zurück zur Praxis: Für Sie als Projektverantwortliche ist das Problem ganz simpel auszudrücken: Was tun wir, wenn das Team zum erstenmal zusammenkommt? Wie machen wir es „richtig" im Sinne von zielorientiert? Und das gilt nicht nur für sogenannte Kick-off-Meetings, sondern auch für weitere Gruppensitzungen, Projekt-Hearings, Arbeitsessen usw.

Wir haben uns ein Verfahren ausgedacht, das es gestattet

- vielgestaltige Prozesse und unterschiedliche Denkweisen zu moderieren,

Arbeitstreffen

- die sieben Dimensionen des Helogramms, bezogen auf das jeweilige Projekt adäqaut abzubilden,

- Stärken und Schwächen des aktuellen Projektmanagements zu beurteilen und Ansatzpunkte für Instrumente und Maßnahmen zu lokalisieren und

- das sowohl geschlossen ist als auch offen, das genügend führt und genügend Spielraum offenläßt.

Eine Reihe von Leitsätzen und Leitfragen stellen wir stets unserer Projektführungstrainigs voran. Sie führen in die Dramaturgie von Projekttreffen ein:

- Projektarbeit ist Teamarbeit: Wie finden, konstituieren, entwickeln, regulieren und kontrollieren sich Teams?

- Projektarbeit ist Netzwerkarbeit: Wie lassen sich die Erkenntnisse aus Kybernetik, Wissens- und Systemtheorie auf Projekte übertragen?

- Projektarbeit bedeutet Termindruck, Zeitdruck und knappe Ressourcen: Wie wirkt sich das auf die Qualität und den Inhalt der Arbeit aus?

- Projektarbeit steht und fällt mit den Menschen: Wie gehen sie mit Interessen, Zielen, Macht, Autorität und Hierarchien um?

- Projektleiter sind auch Moderatoren: Welche Schlüsselqualifikationen brauchen sie, um Arbeitsprozesse, Kommunikation, Fehlentwicklungen, Entscheidungen und Qualität zu managen?

Szenerie und dramaturgische Eckpunkte

Die Szenerie sieht folgendermaßen aus: Das Projektteam sitzt um einen (annähernd) runden Tisch, so daß jeder jeden sehen und wahrnehmen kann. Sieben mit Leitfragen und Titelkategorien vorstrukturierte Plakatwände (vgl. Abschnitt 3.1.2) stehen im Halbrund auf einer Seite des Raumes und repräsentieren die sieben Dimensionen des Projektmanagements. Ihnen gegenüber finden sich noch einmal sieben Plakatwände, je eines für eine Dimension, aber völlig unstrukturiert, also bis auf den Titel leer. Abbildung 18 gibt einen Überblick über die Szenerie.

Die sieben Dimensionen und die entsprechenden Plakatwände werden nun nicht linear abgearbeitet, sondern man ist zu einem Zeitpunkt vielleicht an diesem und dann an einem ganz anderen Punkt; die Gruppe als Ganzes oder einzelne Teilnehmer „springen" im Helogramm auf andere Aspekte in einer anderen Dimension. Jeder Teilnehmer kann jeden Punkt, an dem er gerade ist, irgendwo auf den zwei mal sieben Plakaten darstellen. Die Gruppe und damit das Projekt als Ganzes durchläuft so simultan einen vielschichtigen Prozeß. Die Struktur wird repräsentiert durch die sieben vorstrukturierten Plakatwände. Die Offenheit wird repräsentiert durch die sieben leeren Plakatwände.

Mit anderen Worten: Das Helogramm ist im Raum vorhanden – nicht oder nur teilweise sichtbar. Um die Projektgruppe, um das Helogrammm und somit um das Projekt herum stehen die Stellwände als Projektionsflächen. Die Gruppe projiziert in einem interaktiven Prozeß, alle einschlägigen Informationen, Fragen, offenen Punkte, Bewertungen, Aspekte usw. auf diese Stellwände. Diese filtern also jeweils die Projektinformationen in einer bestimmten Hinsicht und schaffen so Orientierung – nicht mehr und nicht weniger. So strukturiert das Ergebnis hinterher auch scheinen mag – der Prozeß, der dieses Ergebnis zustande bringt, ist in Teilen chaotisch.

Szenerie

Abbildung 18: Szenerie für Gruppenarbeit im Helogramm

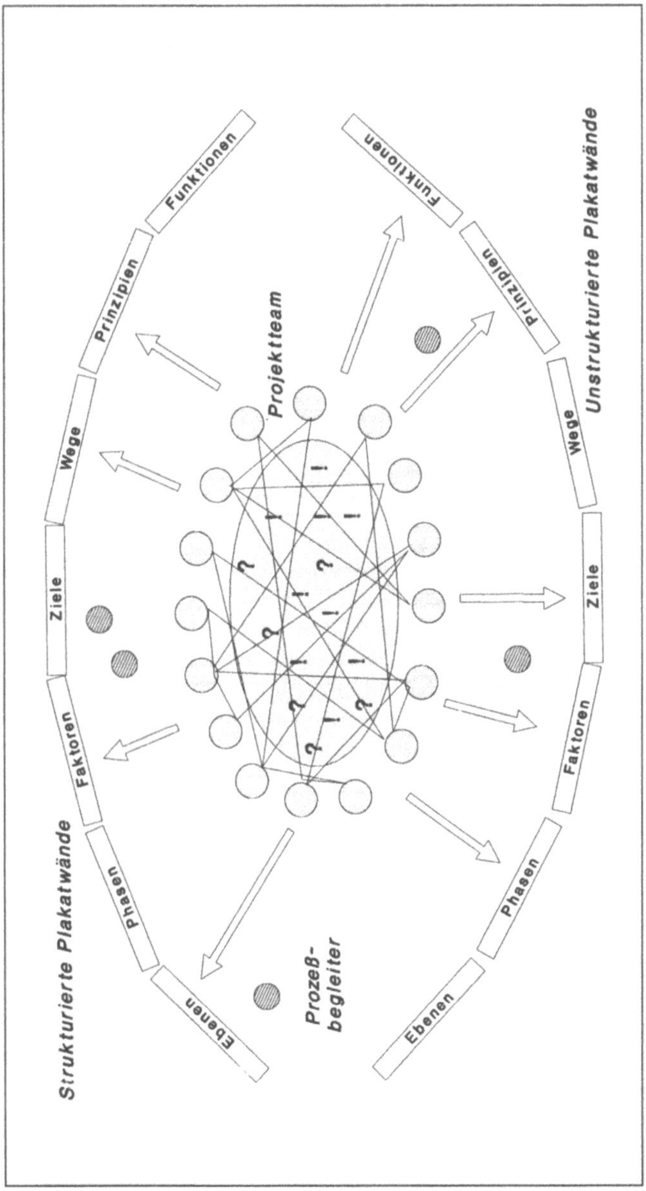

Aber: Aus Sicherheitsgründen, damit keine Abbrüche im Team entstehen, muß man möglicherweise einzelnen oder auch allen Teilnehmern zugestehen, von Zeit zu Zeit ganz konsequent eine Sache, einen bestimmten Aspekt in einer bestimmten Dimension „fertigzumachen", damit er nicht in der Luft hängt. Denn wenn man die Vison anreißt und fast gleichzeitig die Phasen anreißt und dazu noch die Ebenen, kann gerade eine Gruppe, die diese Arbeitsweise noch nicht gewohnt ist, das Zutrauen in sie verlieren. Und selbst wenn das Projektteam sich dieser Situation genügend bewußt ist, kann es zum Problem werden, das Gesagte und das Nichtgesagte in eine nächste Besprechung zu transportieren, weil man das gemeinsame Gehirn nicht mitnehmen kann. Dann muß man wieder mühsam anfangen und wiederherstellen. Dann muß man aber auch Dokumente haben. Das heißt: Simultane Dokumentation bzw. Just-in-time-Informationsverarbeitung und Reflexion sind notwendige Unterfunktionen.

Das Besondere an dieser Vorgehens- und Arbeitsweise ist, daß niemand hergeht und sagt: „Jetzt schauen wir uns systematisch die Erfolgsfaktoren an und dann analysieren wir systematisch die Funktionen dann die Phasen." oder „Wir gehen am besten gleich nach einem bestimmten Phasenmodell vor" oder gar: „Na grundlegend müßte jetzt erst mal die Philosophie geklärt werden". Das reicht überhaupt nicht aus, wenn die Handlungsebenen nicht schon von der Philosophie aus genügend pragmatisch beleuchtet werden.

Unsere Dramaturgie ist: Durch die Dimensionen hindurchwandern und einen Zustand herstellen, in dem die Teilnehmer ein Bild oder eine Vorstellung von ihrem Projekt bekommen. Aus dem Bildhaften, aus der Vorstellungskraft für ein Projekt heraus können sie alles beleuchten, die Verknüpfungen herstellen durch Assoziation, sie können durch einzelne Strukturen und Abläufe durchgehen und das gemeinsam mehrdimensional verbinden.

Das schließt die Möglicheit mit ein (je nachdem wie das Team zusammengestellt ist), eine Sicherheit zu finden, indem man

Szenerie

z.B. für phasenorientierte Teilnehmer die Schrittfolge in den Mittelpunkt stellt, weil sie gewohnt sind, nach Phasen vorzugehen und dadurch eine Sicherheit bekommen. Es kann in diesem mehrdimensionalen Modell also durchaus hilfreich sein, daß Leute, die solches gewohnt sind, erst einmal ganz stringent so arbeiten. Aber die anderen müssen diese stringenten Arbeiter und diese stringente Arbeit verunsichern. So daß dieser kreative Verunsicherungsprozeß dazu führt, daß sie mitten in der Arbeit an einem Phasenkonzept daran denken: „Naja – wir müßten uns die Machtfaktoren, die Strukturen in unserer Firma und im Projekt mal überlegen – wo sind die? Aha, das ist eine Handlungsebene – aha – das ist jetzt viel wichtiger als weiter schematisch vorzugehen..."

Nach einem gewissen fixierten Start geht es darum, durch Verknüpfungen, Assoziationen, wie man sie in einem Gehirn bei cerebralem Lernen ja auch hat, ein komplexes Modell herzustellen. Dies ist eigentlich kein Prozeß, der einen zwangsläufigen Verlauf hat. Sondern es ist nichts weiter als ein Verfahren, das sieben Dimensionen hat und wir können in diese unterschiedlichen Dimensionen einsteigen. Dann ist es aber wichtig, daß das Team Sicherheit hat. Und die Sicherheit kann zunächst standardmäßig hergestellt werden, indem mit den vorstrukturierten Plakatwänden gearbeitet wird.

Dabei und danach gibt es Austrahlungen und Verknüpfungen, Pfeile und Gedankenblitze, Assoziationen und Bezüge auf die anderen Dimensionen. Zusätzlich gibt es die sieben weiteren Projektionsflächen, die am Anfang ganz leer sind und die neu entstehende Verknüpfungen aufnehmen, die nicht direkt in das Abarbeitungs-Schema passen. Wir haben dann einen Kreis um das Hologramm mit zwei Halbkreisen „Standard" und „Praxis".

Typische Meeting-Prozesse

Projektgruppen-Meetings laufen der Form nach in allen nur denkbaren Variationen ab. Auch unter der hier entwickelten Perspektive sind vielfältige Formen möglich, die Zusammenarbeit und das Zusammenwirken zu organisieren. Aus der Erfahrung heraus lassen sich jedoch einige „typische" Verfahren skizzieren, die so oder ähnlich immer wieder vorkommen und die sich für die Arbeit im Hologramm als besonders nützlich erwiesen haben. Ihr Spektrum reicht von stark vorstrukturierten Abläufen bis zu völlig offenen Prozessen.

Strukturierter Einstieg

Strukturiert einsteigen heißt: Mit einem vorgefertigten Moderationsleitfaden, fester Schrittfolge und vorbereiteten Beiträgen. Das macht Sinn bei Projekten, die relativ überschaubar sind, schon eine Weile dauern und in denen eine erfahrene, eingespielte Projektmannschaft zusammenkommt.

Diese Meetings gehen nach einem ziemlich konstanten Ritual, zu dem auch zählt, daß sie in der Werkstatt stattfinden, in der der Prototyp gewartet wird, das Flipchart und der Overhead-Projektor in ganz bestimmten Positionen stehen usw. Kernstück jedes Meetings ist die Umsetzungsplanung, die auf Folien vorliegt. Die Arbeitsschritte haben sich im Lauf der Zeit wie folgt ergeben:

- Kurzer Statusbericht der einzelnen Projektmitarbeiter. Welche Verpflichtungen sind abgehakt? Welche neuen Aspekte sind aufgetaucht? Welche Verpflichtungen ergeben sich daraus?
- Sammeln der offenen Commitments und Strukturieren.
- Erörtern ausgewählter Themen (besonders strittige, heikle, dringliche Themen) und Feststellen der Beschlußlage.
- Verteilen von Aufgaben auf Personen und Eingehen neuer Commitments.

Ergebnisprotokoll und fortgeschriebene Umsetzungsplanung werden simultan erstellt und stehen den Teilnehmern kurz nach Ende der Sitzung zur Verfügung

Offenes moderiertes Gespräch

Beispiel: Eine Stadt im grenznahen Gebiet sucht neue wirtschaftliche und kulturelle Perspektiven. Vertreter der betroffenen und der benachbarten Industrie- und Handelskammern, Professoren und Wissenschaftler der örtlichen ökonomischen Fakultät, Bürgermeister, Unternehmer, Freiberufler und Förderer aus dem Nachbarland sind zu einem ungewöhnlichen Projekt-Workshop zusammengekommen, um Ziele für Stadt und Region zu vereinbaren. Die Moderation steigt „massiv" ein und beschleunigt die Gruppe in den beiden ersten Arbeitsschritten so stark, daß sie aus eigener Kraft die weiteren Prozeßschritte durchläuft.

Dieser Weg hat am ehesten die Nähe zu traditionellen Verfahren. Die Mitwirkenden haben ihre Sicherheit und neue Vielfalt. Ein Teilnehmer präsentierte die Arbeitsergebnisse der Gruppe „Wirtschaftliche Entwicklung" mit den folgenden Worten: „Wir haben hier die Oberbegriffe heruntergebrochen, sind im Kreis gegangen, haben etwas geschrieben und es entstanden alle diese langen Papiere, dann kleinere Papiere in verschiedenen Farben. Es waren immer Teilideen. Dann kam der Moderator dazu und sagte: „Ihr müßt das so ... Ihr könnt es nicht so,..." und das war sehr gut. Wir haben dann, als wir schon genug Papiere geschrieben hatten, gesagt: Das eine sind angesprochene Probleme, andere sind Schwerpunkte zur Lösung der Probleme und wieder andere bedeuteten, durch was die Probleme verursacht wurden. Und schon kamen wir zu hypothetischen Endfolgerungen.

Und dann als wir das so hatten, hatten wir auf einmal eine ganz andere Konstellation oder Geographie auf dieser Wandtafel. Und dann haben wir uns hingestellt, haben uns abgewechselt und die Papiere gruppiert. Dazwischen ist immer mal wieder einer hinausgegangen. Auch ich habe mich erleichtert. Dann kam ich wieder zurück und bei dieser Rotation entstand ein System. Und das ist das wichtige. Dieses Chart ist das System. Wir haben angefangen, es so zusammenzustellen, dann kam wieder der Moderator dazu und hat uns einige Sachen dazugemacht und gemalt und den Ausblick zu einer zweiten Tafel gemacht. Das war unser Fortgang..."

Frage-Antwort-Dialog

Das Beispielprojekt ist eine Ausstellung mit weit über zweihundert Messeständen, die in ein Gesamtkonzept eingebunden werden sollen, so daß der Besucher nicht nur eine Halle, sondern eine Geschichte durchläuft. In einem Projekthearing drei Wochen zuvor sollen die noch offenen operativen Aspekte behandelt werden. Die Teilnehmer – ca. 20 Personen aus verschiedenen Aussteller-Firmen, Messebauern und der Regie – werden in ein Forum gebracht, in dem jeder jeden sehen kann.

Die Rollen sind zunächst so verteilt, daß eine Person, von der man annimmt, daß sie am besten über den Projektstand Bescheid weiß, als Antwortgeber zur Verfügung steht (wie in einer Pressekonferenz). Alle, die etwas wissen möchten, ein Anliegen haben, ein Problem haben, ein Thema lösen wollen, fragen diese eine Person unter der Leitfrage: „Was soll ich machen?" Dann gibt es jeweils kurze Antworten, die nicht alles lösen (ganz wichtig), die aber die anderen (Frager und Zuhörer) in einen Selbstlern- und Löseprozeß bringen.

Vielfach sind Projektmitarbeiter zunächst nicht in der Lage, die angesprochenen Aspekte zu verstehen. Sie haben Fragen gestellt und dann hat einer geantwortet und selbst der Fragesteller hat die Antwort nicht verstanden. Es muß zugelassen werden, daß das nun offene Problem über einen Prozeß gelöst und nicht im konkreten Fall jetzt geklärt wird.

Der konkrete Klärungsprozeß würde bedeuten, daß man sich in ein Detail begibt im Helogramm. Man löst vielleicht an einer bestimmten Ecke etwas und löst alle anderen Dinge in dieser Phase nicht. Darin steckt eines der größten Probleme bei komplexen Projekten: Man verständigt sich am Anfang intellektuell und glaubt, sich verständigt zu haben, hat sich vielleicht sogar verständigt (in einem bestimmten Teilbereich), das hat schon viel Zeit gekostet und man hat über diese Teilverständigung alles andere vernachlässigt.

Für den Frage-Antwort-Dialog heißt das: Wenn durch eine Frage ein abgegrenzter Teilbereich angesprochen ist, und die Antwort geht über diesen Teilbereich hinaus oder verläßt ihn ganz, hat derjenige, der die Frage gestellt hat, die Antwort vielleicht zum Teil verstanden und den Rest nicht, aber er spürt: Da ist ein schwarzes Loch und an einer anderen Stelle noch ein schwarzes Loch. Dieser Impuls reicht aus, um einen Klärungsprozeß in Gang zu setzen, der aber nicht mehr im gemeinsamen Rahmen stattfindet.

Noch offener gestaltet sich die sogenannte Informationsbörse, in der Fragen, Antworten, Aussagen, Kommentare, kurzum alles, was das Projektteam bewegt und was verbal auszudrücken ist, ohne formale Regeln eingebracht wird: Jeder redet, wann er will. Jeder hört zu, wann er will. Alle reden manchmal durcheinander. Manchmal sagt keiner etwas. Man geht davon aus, daß die wichtigen Informationen darin nicht untergehen, sondern im Gegenteil herausgefiltert werden.

Der Nutzen für die Projektarbeit

Ganzheitlich bleiben

Ein vielfach erlebtes Problem in Meetings besteht darin, daß man sich an irgendeinem unbedeutenden Detail festbeißt. Neben dem Ärger, den das meist bei allen Beteiligten auslöst, gibt ihnen dieses Festbeißen aber auch etwas, nämlich eine Ebene,

Projektmanagement

auf der sie sich verständigen können. Vom Gesamtprojekt aus betrachtet ist ein solcher Effekt fatal, denn: Eine Verständigungsebene, z.B. eine Region im Hologramm, übt dann einen Sog aus, zieht die Kräfte, die sich in Räumen befinden, in denen noch keine Verständigung erreicht ist, auf die Räume hin, in denen Verständigung funktioniert. Die Neigung zum Detail ist also auch eine Tendenz zum Ausblenden ungeklärter Aspekte. Der Blickwinkel wird eingegrenzt.

Dann löst man sich wieder von der Kommunikation mit den Anderen, geht zurück in sein Büro und ist auf einmal verwirrt. Was passiert? Dann kommen alle diese anderen Dinge wieder hoch, bei allen. In ihrem jeweiligen „Problemraum". Und dann wird das gesamte System wieder ineffektiv und ineffizient. Der Nutzen des Vorgehens im Hologramm ist unter diesem Gesichtspunkt, daß das ganze Projekt zu jeder Zeit präsent ist. Man bearbeitet Details, aber man verliert sich nicht in Details.

Vor der Zeit sein

Problematisch sind auch Projekte, bei deren Start man sich nicht vorstellen kann oder nicht weiß, wie das Endprodukt aussieht. Wie die Lösung aussieht für das Problem, das ich gerade habe.

Am Anfang gibt es einen Problem- oder Thementräger. der dann auch meist Auftraggeber für das Projekt ist. Der holt sich einen Moderator oder einen Projektleiter. Der Projektleiter eruiert bei dem Auftraggeber. Der hat zwar das Problem im Kopf oder spürt es anders, aber er kann das gar nicht formulieren und äußert etwas Vordergründiges, was gar nicht das eigentliche Problem oder das eigentliche Ziel ist, was er wirklich erreichen will. Er will eigentlich etwas anderes. Wie gelingt es dem moderierenden Projektleiter, daß dieser „herauslockt", was den Auftraggeber wirklich bewegt?

Wenn das, was am Projektbeginn intellektuell formuliert wird, nicht den wirklichen Problemen oder Zielen entspricht, kommt

Nutzen für die Projektarbeit

es zu den typischen Kick-off-Prozessen mit den Phasen der Begeisterung, Verwirrung, Ernüchterung usw.

An jene eigentlichen Projektziele kommt man heran, indem man die Vorstellung hat, daß man sich vor der Zeit befinden kann und eine Lösung bereits hat für ein Problem, das der Gesprächspartner noch nicht artikuliert hat oder artikulieren konnte, weil es außerhalb seines Bewußtseins geblieben ist, im Unbewußten verankert und tiefliegend.

Das ist ein ganz entscheidender Mechanismus, sich als Projektleiter oder Moderator so zu organisieren, sich auf die eigene Lösungskompetenz einzustellen und dem anderen die Möglichkeit zu geben, das dazugehörige Problem zu finden. Ohne daß man dem anderen eine Lösung aufdrängt! Man muß also auch gleichzeitig sich irren dürfen und können. Und der andere muß das Problem nach seiner Kraft bearbeiten wollen.

Vielleicht entsteht nur so etwas wirklich Innovatives. Da geht einer auf ein artikuliertes Ziel los und findet auf dem Weg dorthin andere Lösungen, viel bessere, die vielleicht für sein ursprüngliches Ziel gar nicht so wichtig sind, die er aber schnell als Lösungen für viel wichtigere Probleme begreift.

Die Pharmaindustrie denkt in Teilen bereits so. Dort werden heute Medikamente entwickelt, wo die zugehörigen Krankheiten sich erst andeuten. Besonders bei Allergien deutet sich diese Entwicklung schon an.

Historisch nachzuweisen ist, daß sich die Entwicklungsgeschwindigkeit technischer Erfindungen immer mehr erhöht hat. Jetzt erreicht sie eine Art Schallmauer, die sich auch in dem Phänomen äußert, daß die Produktzyklen kürzer zu werden drohen als die Entwicklungszyklen. Wenn es uns gelingt, vor der Zeit zu sein, dann haben wir einige grundlegende Probleme durch dieses Denken im Hologramm und in Projektarbeit gelöst.

Blockaden abbauen

Aber wie gelingt es, durch solch ein Denken, das ja ein Verrücken bedeutet (und wer wird schon freiwillig verrückt?), den Auftraggeber auch wirklich zu bewegen, ihn dahin zu bringen, daß er sagt, was er wirklich will. Oder es artikulieren kann. Das ist ja zunächst verborgen. Es ist in einer Blockade, in einem Knoten.

Das gilt ganz allgemein: Jedes Problem entspricht einer inneren Blockade, die zumindest behindert, genügend Distanz zum Problem einzunehmen und es zu erkennen. Die innere Abbildung des Problems ist die Blockade in einer Person. Weil es ein Problem ist, ist es nicht durch die vorhandene Struktur gelöst.

Wir müssen also zuerst eine Blockade abbauen, so daß eine Verständigung ermöglicht wird, bei der man hinter das sehen kann, was vordergründig formuliert wird.

Damit heißt „Kick-off" auch und insbesondere: Blockaden aufreißen. Blockaden abbauen. Den gordischen Knoten durchschlagen. Oder auflösen.

Dieser Prozeß des Überwindens innerer Blockaden und Widerstände ist streng genommen eine Phase vor der ersten Phase in der Projekt-Dramaturgie. Es ist gleichzeitig der Kern des Hologramms: Im Zentrum des Hologramms wirkt ein Prozeß der Blockaden löst. Wie die Sonne im Zentrum des Planetensystems analog in einem System von Menschen, Abteilungen, Organisationen, Unternehmen.

Sinnvolle Prozeßbegleitung

Wir haben Ihnen nun zugemutet, in einen vieldimensionalen Projektraum einzusteigen, den wir uns bildlich nicht vorstellen können. Wir haben Ihnen weiter zugemutet, sich gedanklich auf Prozesse einzulassen, die darauf zielen, vor die Zeit zu kommen. Wir haben Ihnen schließlich zugemutet, einen Blockaden lösenden Prozeß im Kern der ganzen Konstruktion anzunehmen, der das entscheidende Moment im Projekt ist.

Wie gestalten Sie nun Ihre Projektarbeit? Oder anders gefragt: Wie kann eine Projektgruppe sinnvoll von außen begleitet werden?

Aus unserer Sicht muß das Umfeld der Projektgruppe dafür sorgen, daß die Gruppe das Helogramm und sich darin entfalten kann. Dies ist hinreichend erfüllt, wenn vier Personentypen die Gruppe begleiten:

- Ein Analytiker, der vorantreibt, der präzise und klar planen kann.

- ein Visionär, der die Kraft der Bilder, die in Zukunft entstehen können vor Augen hat.

- Ein Ver- und Entsorger für die Grundbedürfnisse der Menschen, die im Projekt zusammenleben und zusammenarbeiten. Der dafür sorgt, daß die Kommunikation in Ordnung ist, daß Zusammenarbeitsmethoden in Ordnung sind, daß das Zeitmanagement in Ordnung ist usw.

- Ein Regler für die bedrohlichen, negierenden oder zerstörerischen Anteile. Dieses „Kriegerische" wird nicht weggetan, sondern ist grundlegender Bestandteil des Projektprozesses. Weil tendenziell mit Positionen auch Lager gebildet werden. Und wenn man das zuläßt, gibt es schon keine andere Chance mehr als eskalierende Konflikte.

Projektmanagement

Externe Leistungen können also sein:

- Entwickeln von Projekt-Designs, die organisatorische, informationstechnische und sozialpsychologische Aspekte integrieren.

- Einführung von Projektmanagement im Unternehmen als Organisationsform der Zukunft.

- Moderation von Schlüsselveranstaltungen (Zielfindung, Meilensteine, Lasten- und Pflichtenhefterstellung, Reviews, Entscheidertreffen).

- Begleitung und Supervision von Projektteams.

- Externe Projektleitung als Dienstleistung.

- Einführung von Projekt-Steuerungshilfen.

4. Instrumente der Projektarbeit

Sie haben nun Projektmanagement aus einer vielleicht neuen Perspektive betrachtet und ein Vorgehen kennengelernt, das dabei hilft, das „Hologramm" mit Licht und Leben zu erfüllen. Mit dem abschließenden vierten Kapitel wollen wir eine Brücke schlagen zu den handfesten Dingen des Projektalltags und gleichzeitig die zahlreichen bewährten Instrumente, die für Projektmanagement infrage kommen, in die Betrachtung einbeziehen. Unser Ziel ist es, das bereits vorhandene Wissen dem neuen Denken und das neue Denken der Management-Praxis nutzbar zu machen.

Sie werden eine Reihe von Instrumenten und Techniken finden, die Ihnen zum Teil bereits bekannt sein dürfte, auch aus anderen Zusammenhängen als aus Projekten. Wir haben der Auswahl und Darstellung folgende Überlegungen vorangestellt:

- Die Darstellung der Instrumente erfolgt standardisiert und überblicksartig gerafft. Sie finden je Instrument: die Kurzdarstellung von Idee und Vorgehen, die Vorzüge und Nachteile sowie weiterführende Literaturhinweise.

- Am Kopf jedes Abschnitts finden Sie Bezüge zu den Dimensionen des Hologramms. Mit den eingangs des Kapitels 2 gestellten Leitfragen ordnen wir die jeweiligen Instrumente den angesprochenen Funktionen, Phasen, Erfolgsfaktoren und Handlungsebenen zu. Damit können Sie vor dem Hintergrund Ihrer spezifischen Situation im Projekt entscheiden, auf welche Unterstützung Sie zurückgreifen und auf welche nicht.

- Bei der Auswahl der hier wiedergegebenen Instrumente haben wir vor allem darauf geachtet, daß die algorithmischplanerische Seite ein ausgleichendes Gegengewicht erhält durch gruppendynamische, soziotechnische und ablaufflexible Instrumente.

■ Die Gliederung folgt in den ersten sieben Punkten einem Phasenschema, in den letzten beiden Punkten ist sie funktional. Daran läßt sich noch einmal das Denken im Hologramm zeigen: In der Dimension „Mittel und Wege" finden wir eine zunächst unüberschaubare und ungeordnete Fülle von Instrumenten, Techniken, Methoden und Abläufen. Um dieses Chaos zu ordnen, nutzen wir andere Dimensionen: Wir betrachten die Instrumente von der Dimension „Phasen" und der Dimension „Funktionen" aus, um uns besser orientieren zu können.

Instrumente zur Situationsanalyse

Multimoment-Aufnahme

Wozu?	Strukturieren, Regeln
Wann?	Erkunden, Entwickeln, Erschließen
Wo?	Informationsverarbeitung
Wodurch?	Fachqualifikation

Kurzbeschreibung:
Die Multimomentaufnahme ist ein Verfahren zur Datenerhebung, das auf statistischen Prinzipien beruht. Es wird eingesetzt, wenn die Dauerbeobachtung von Ereignissen zu aufwendig ist. Unter Beachtung bestimmter Vorgehensweisen kann man mit Hilfe der Multimomentaufnahme von einer Stichprobenbeobachtung auf die Grundgesamtheit schließen.

Multimomentverfahren weisen eine statistische Sicherheit von 95 Prozent auf. Man unterscheidet das Multimoment-Häufigkeits-Zählverfahren (Abkürzung: MMH) und das Multimoment-Zeit-Meßverfahren (Abkürzung: MMZ). Beim MMH notiert man Ereignisse zu zufälligen Zeitpunkten und erhält damit eine Angabe über die prozentuale Häufigkeit dieser Ereignisse. Das MMZ dient der Ermittlung von durchschnittlichen Zeiten.

Grundsätzlich geschieht die Multimomentaufnahme durch Fremdbeobachtung. Für Merkmale, die einer Fremdbeobachtung schwer zugänglich sind, kann man auf Selbstnotierungen zurückgreifen. Fremdbeobachtungen lösen leicht das Gefühl von unerwünschter Kontrolle aus und führen zu Verhaltensänderungen, die das Ergebnis verzerren. Diesem Effekt kann entgegengewirkt werden, wenn die Beobachteten vorab informiert werden oder in die Planung der Erhebung einbezogen werden.

Vorbereitung von Multimomentaufnahmen
Abgeleitet aus dem Untersuchungsziel sind die Merkmale festzulegen, die beobachtet werden sollen. Mit Hilfe eines Monogramms wird die Zahl der Beobachtungen bestimmt. Je nach Anzahl der Arbeitsplätze, die man pro Rundgang beobachten kann, ergibt sich daraus die Anzahl der Rundgänge. Durch Zufalls-Minutentafeln werden die Beobachtungszeiten festgelegt und die Beobachtungsstandpunkte und -wege geplant.

Durchführung der Multimomentaufnahmen
Bei den Rundgängen werden auf einem Erfassungsbogen die jeweils beobachteten Ereignisse festgehalten.

Aussagekraft/Nutzen:
- Kosten- und Zeitersparnis gegenüber der Dauerbeobachtung,
- Keine Störung des Arbeitsablaufs,
- Gewünschte Genauigkeit ist frei wählbar und
- Keine Verfälschung durch fehlerhafte Auskünfte.

Anwendungsgrenzen/Nachteile:
- Abwehrreaktionen der Mitarbeiter, da sie sich beobachtet fühlen,
- Leistungsgrade können nicht bestimmt werden und
- Differenzierungsmöglichkeit der Beobachtung hat Grenzen.

Literaturhinweise:
1. Haller-Wedel, E.; Multimoment-Verfahren in Theorie und Praxis, 2. Auflage, München 1969
2. Böhrs, H., Arbeitsstudien in der Betriebswirtschaft, Wiesbaden 1967

Ishikawa-Diagramm

Wozu?	Strukturieren, Regeln
Wann?	Erfahren, Erkunden, Entwickeln
Wo?	Informationsverarbeitung
Wodurch?	Fachqualifikation, Kooperation, Teamqualifikation

Kurzbeschreibung:
Das Ishikawa-Diagramm (Ursache-Wirkungs-Diagramm, Fischgräten- oder Tannenbaum-Diagramm) ist nach einem der Väter der Quality-Circle-Bewegung benannt (H. Ishikawa 1950). Die Methode ermöglicht es, auf einfachem Wege die möglichen Ursachen und Wirkungen eines Problemkreises zu erkennen und zu analysieren. Zentrale Probleme werden so erkennbar, die Wechselwirkungen der Ursachenkomplexe sichtbar und das Gesamtproblem strukturiert bearbeitbar. Zudem entsteht ein gemeinsames Problemverständis unter den Beteiligten. Vom identifizierten Problem ausgehend, wird eine Graphik erstellt aus Pfeilen, die die möglichen Ursachen ihren Wirkungen, letztlich dem Problem, zuordnen. Die meisten Probleme haben vielfältige Ursachen. Um diese Vielfalt vorzuordnen, unterscheidet die Ishikawa-Ursachenanalyse vier wichtige Einflußgrößen:

- Mensch,
- Maschine,
- Material und
- Methode.

Phasen
1. Problemdefinition
2. Festlegung der Problemhauptursachen

3. Brainstorming zu Einzelursachen
4. Selektion der wahrscheinlichsten Ursachen
5. Überprüfung und Lösungssuche

Das Ishikawa-Diagramm wird vorwiegend in Qualitätszirkeln angewendet.

Aussagekraft/Nutzen:
- Innovationskraft und Kreativitätsfreudigkeit werden stimuliert und gesteigert,
- einfache, übersichtliche und leicht handhabbare Technik und
- Zwang zum methodischen Vorgehen.

Anwendungsgrenzen/Nachteile:
- Wenig geeignet für komplexe Probleme,
- Einflußursachen (horizontale Logik) und Einflußgrößen (diagonale Logik) sind nicht immer eindeutig abzugrenzen.

Literaturhinweise:
1. Beriger, P., Quality Circles und Kreativität, Bern-Stuttgart 1986

Soziometrie

Wozu? Strukturieren, Organisieren, Voranbringen
Wann? Erfahren, Erkunden, Entdecken, Erschließen
Wo? Informationsverarbeitung, Lernen, soziale Gestaltung, Politik und Macht
Wodurch? Aufbauorganisation, Teamqualifikation, Kommunikation/Kooperation, Motivation, Kultur

Kurzbeschreibung:
Die Soziometrie dient der Darstellung der informalen Organisation. Neben der formalen Organisation, die die bewußt gestalteten Beziehungen zwischen Aufgaben, Aufgabenträgern und Informationen darstellt, ergibt sich eine informale Organisation, da der Mensch als soziales Wesen selbständig ein Gefüge von Wechselbeziehungen schafft.

Man betrachtet hierbei neben informalen Gruppen, informalen Normen, informaler Kommunikation auch den sozialen Status. Die Erhebung der Daten, die einen in diesem Zusammenhang interessieren, erfolgt mit Hilfe der Befragung oder Beobachtung.

Zur Analyse und Darstellung der erhobenen Daten bedient man sich bestimmter soziometrischer Darstellungstechniken. Man unterscheidet hierbei das Soziogramm, die Soziomatrix und soziometrische Koeffizienten.

Die Ergebnisse der Soziometrie geben Hinweise darauf, wie stark die informale von der formalen Sturktur abweicht. Außerdem lassen sich informale Führer herausfinden.

Soziogramm:
Unter Berücksichtigung der Intensität und der Richtung der erfaßten Beziehungen, werden diese mit Hilfe von Symbolen dargestellt. Man unterscheidet bestimmte Grundtypen sozialer Beziehungen, die sich hiermit darstellen lassen, nämlich das isolierte Element, die Dyade, die Kette, den Stern und die Pyramide.

Soziomatrix:
Hierbei handelt es sich um eine tabellarische Darstellung sozialer Beziehungen. Dadurch fehlt der Soziomatrix zwar die Anschaulichkeit des Soziogramms, sie ermöglicht jedoch eine genaue Analyse der erhobenen Daten.

Soziometrische Koeffizienten:
Die erhobenen Daten werden in mathematische Formeln eingesetzt. Hieraus ergeben sich bestimmte Koeffizienten, die Auskunft über z.B. den sozialen Status einer Person geben.

Aussagekraft/Nutzen:
- Abweichungen zwischen formaler und informaler Organisation können behoben werden.
- Beziehungen, die notwendig sind, aber in der formalen Organisation vergessen wurden, können herausgefunden werden.

Anwendungsgrenzen/Nachteile:
- Nur für kleine Gruppen anzuwenden.
- Datenerhebung ist problematisch, da sie die Persönlichkeit des Mitarbeiters betrifft.
- Emotionale Beziehungen können nicht immer in formalen Lösungen abgebildet werden.

Literaturhinweise:
1. Alteslander, P., Methoden der empirischen Sozialforschung, Berlin-New York 1975, S. 257-270
2. Mayntz, R., Die soziale Organisation des Industriebetriebes, Stuttgart 1958

Problemanalyse

Wozu?	Strukturieren, Regeln
Wann?	Erfahren, Erkunden, Entwickeln, Erschließen, Erreichen
Wo?	alle Ebenen
Wodurch?	Ressourcen, Fachqualifikation, Kommunikation/ Kooperation, Teamqualifikation

Kurzbeschreibung:
Das hier beschriebene Verfahren der Problemanalyse ist Teil der zielorientierten Projektplanung ZOPP, wie sie z.b. von der Gesellschaft für technische Zusammenarbeit GTZ in Entwicklungsprojekten eingesetzt wird. Mit der Problemanalyse wird eine gegebene Situation strukturiert, die wichtigen Probleme werden identifiziert und auf ein Kernproblem hin ausgerichtet. Das Verfahren bedient sich der Techniken der Kartenabfrage und Clusterung in einem Plenum mit anschließender themenorientiert-analytischer Kleingruppenarbeit. Ergebnis der Problemanalyse ist eine Problemhierarchie, in deren Zentrum ein Kernproblem benannt ist, dem zum einen Ursachenkomplexe, zum andern Folgekomplexe eindeutig zugeordnet sind. Methodisch ist die Problemanalyse Grundlage der Zielbildung. Sie dient aber auch dazu, die Problematik kommunizierbar zu machen.

Schritte:
1. Kartenabfrage nach erkannten, erlebten, empfundenen Problemen.
2. Clustern nach Themengruppen und Überschriftensuche.
3. Identifikation einer der Clusterüberschriften als Kernproblem.
4. Zuordnung der anderen Überschriften als Ursachen oder Folgen des Kernproblems.
5. Bildung von Arbeitsgruppen (je Cluster eine Gruppe).
6. Kausale Strukturierung und Ergänzung der Teilprobleme durch die Arbeitsgruppen.
7. Zusammenführen und Abgleichen der Ergebnisse im Plenum.

Aussagekraft/Nutzen:
- Gibt das Problembild der Beteiligten wieder,
- Unmittelbar in Zielbaum umdefinerbares Ergebnis und
- in der Struktur übersichtlich, gute Orientierung möglich.

Anwendungsgrenzen/Nachteile:
- Zeitaufwendiges Verfahren,
- das Ergebnis ist eine auf ein bestimmtes Problem zentrierte Sichtweise und
- in der Ausdehnung unübersichtlich.

Literaturhinweise:
1. Gesellschaft für Technische Zusammenarbeit, Zielorientiertes Planen von Projekten und Programmen der technischen Zusammenarbeit (ZOPP), Leitfaden, Eschborn 1989

Beteiligtenanalyse

Wozu?	Strukturieren
Wann?	Erkunden, Entwerfen, Erschließen, Erreichen
Wo?	Informationsverarbeitung, soziale Gestaltung, Politik und Macht
Wodurch?	Personelle Ressourcen, Fachqualifikation, Aufbauorganisation, Kultur

Instrumente

Kurzbeschreibung:
Ziel der Beteiligtenanalyse ist es, die im Projekt vorhandenen Interessen, Motive, Einstellungen, Verhaltensmuster u.a.m. bewußt einzubeziehen in die Zielfindung, Planung, Durchführung und Evaluierung von Projekten. Dies geschieht durch die Identifikation der wichtigsten formalen und informellen Gruppen, Institutionen und Personen, die am Projekt beteiligt sind und die Identifikation der Beziehungen zwischen diesen. Beteiligt sind zunächst alle aktiv Mitwirkenden und alle passiv vom Projektgeschehen und -ergebnis Betroffenen. Wo die Grenze zwischen Beteiligten und Unbeteiligten zu ziehen ist, ist Sache der Konvention und als solche von vornherein offen.

Das formale Ergebnis ist entweder eine Tabelle mit den Rubriken „Person/Gruppe", „Beteiligung", „Interessen", „Aktivitäten" und „Konsequenzen für das Projekt" oder eine sogenannte Beziehungsmatrix, in deren Vorspalte und Kopfzeile jeweils alle Beteiligten aufgeführt und in deren Zellen die Beziehungen zwischen diesen qualifiziert sind. Alternativ zur Matrix ist die Darstellung der Beziehungen als „Landkarte". Die Ergebnisse fließen z.b. ein in die Zielhierarchie eines Projektes (als zusätzliche Ziele) oder in die Planung (zusätzliche Vorgänge, z.B. „Interessenklärung" zwischen A und B).

Auch die Verfahrensweise selbst kennt mehrere Varianten:

- Erarbeitung in einer Peer-Group,
- Befragung von Schlüsselpersonen und
- strukturierte Fragebögen aller Beteiligten.

Mögliche Schritte
1. Benennung der Beteiligten
2. Charakterisierung der Beteiligten
3. Kategorisierung der Beteiligten
4. Charakterisierung der Beziehungen
5. Visualisierung
6. Ableitung von möglichen Folgen für das Projekt
7. Ableitung von zusätzlichen Projektzielen
8. Ableitung von zusätzlichen Projektaktivitäten

Aussagekraft/Nutzen:
- Politische Dimension berücksichtigt und
- Konsistenz zum formalen Planungsinstrumentarium.

Anwendungsgrenzen/Nachteile:
- Grenzziehung zwischen Beteiligten und Unbeteiligten problematisch,
- bei mehr als 10 Beteiligten (Regelfall) sehr aufwendig und unübersichtlich und
- dem Werturteil der Bearbeiter unterlegen, die selbst Beteiligte sind und durch den Auswahlprozeß bereits ihre Interessen artikulieren.

Literaturhinweise:
1. Gesellschaft für Technische Zusammenarbeit, Zielorientiertes Planen von Projekten und Programmen der technischen Zusammenarbeit (ZOPP), Leitfaden, Eschborn 1989

Failure Mode and Effects Analysis FMEA

Wozu?	Regeln, Strukturieren
Wann?	Entdecken, Entwerfen, Erschließen, Erreichen
Wobei?	alle Ebenen
Wodurch?	alle Faktoren

Kurzbeschreibung:
Die Failure Mode and Effects Analysis ist ursprünglich ein Verfahren, das die Qualitätssicherung in Produktion und Verwaltung unterstützt. Im Projektmanagement kann derselbe Formalismus zur Übersetzung von Unwägbarkeiten und Risiken (Störungs-Chaos) in kalkulierbare Vorgänge genutzt werden.

Prinzipiell kann die FMEA zwar in Einzelarbeit erstellt werden; empfehlenswert ist aus unserer Sicht jedoch, in Teamarbeit vorzugehen. Insbesondere die Schätzungen von Eintrittswahrscheinlichkeit und Ernsthaftigkeit eines Risikos sind verläßlicher, wenn sie von mehreren unabhängigen Personen vorgenommen werden.

Ergebnis der FMEA sind Risikotabellen, aus denen Art und Ursache möglicher Störungen des Projektablaufs ebenso hervorgehen, wie die Möglichkeiten, ihnen zu begegnen. In Abhängigkeit von einer quantitativen Bewertung der Störung können präventive oder korrigierende Vorgänge (optional oder obligatorisch) in die Projektplanung einbezogen werden, um das Risiko zu mindern oder zumindest die negativen Folgen.

Die Tabellenkategorien (Spaltenüberschriften) sind
- der Vorgang, auf den sich die nachfolgende Störung bezieht (z.B. Tanken),
- die Art der möglichen Störung bzw. Unwägbarkeit (kein Geld dabei),
- die Ursachen der Störung (Vergeßlichkeit, Diebstahl),
- die Wahrscheinlichkeit des Eintretens (aus Vergeßlichkeit 0,01; durch Diebstahl 0,0001),
- die möglichen Folgen (zusätzlicher Zeitaufwand, Verlust von Ansehen),
- die Bewertung der Ernsthaftigkeit der Folgen auf einer Skala von 0 (unbedeutend) bis 10 (Projektstop),
- Maßzahl für die Bedeutung der Störung (aus den Wahrscheinlichkeiten und Ernsthaftigkeiten),
- präventive Maßnahmen und
- reparative Maßnahmen.

Aussagekraft/Nutzen:
- Risiken und Nebenwirkungen werden konsequent durchdacht und
- Störungen können „eingeplant" werden.

Anwendungsgrenzen/Nachteile:
- Aufwand steigt exponentiell mit der Zahl der Vorgänge in einem Projekt und
- setzt definierte Folge von Arbeitsschritten voraus.

Literaturhinweise:
1. Oess, A., Total Quality Management, Wiesbaden 1993

Projektmanagement

Kulturanalyse

Wozu?	Zusammenwirken, Voranbringen, Generieren
Wann?	in allen Phasen
Wobei?	Soziale Gestaltung, Politik und Macht, Lernen
Wodurch?	Projektkultur

Kurzbeschreibung:
Kulturanalyse ist streng genommen ein Sammelbegriff für eine Reihe von Instrumenten. Der hier vorgestellte Ansatz vermittelt einen indirekten Zugang zu tiefliegenden Handlungsprädispositionen, wie Werten und Normen über konkret artikulierte strategische Ausrichtungen. Diese Art der Analyse ist besonders sinnvoll und nützlich im Rahmen von Workshops einzusetzen, weil sie einer bestimmten Dramaturgie folgt.

Die Grundvorstellung geht davon aus, daß jede Organisation, also auch jedes Projekt, mehrfach ausgerichtet ist. Ein in der Praxis anzutreffendes „magisches Dreieck" ist z.b. Kundenorientierung-Mitarbeiterorientierung-Investororientierung, ein anderes magisches Dreieck ist Wachstumsorientierung-Stabilitätsorientierung-Liquiditätsorientierung. Diese Ausrichtungen vermitteln Zugänge, weil sie für die Beteiligten direkt mit konkreten Begriffen, Aufgaben, Problemen, Erlebnissen etc. verknüpft sind. Ziel der Kulturanalyse ist es, über solche Items die Ausprägung und das Gewicht von Orientierungen zu messen.

Schrittfolge
- Identifikation einschlägiger Orientierungen. Entweder diese sind bereits explizit artikuliert oder die Arbeitsgruppe wählt per Punktabfrage aus einem Sample von ca. 12 Ausrichtungen. Diesem Schritt ist dann eine Präsentation zur Operationalisierung voranzustellen.
- Zu jeder Orientierung erfolgt eine Kartenabfrage "Worin zeigt sich ...-Orientierung im Projekt XY?" Die Karten werden gesammelt, vorgestellt und geclustert.
- Die Clusterüberschriften bilden die wichtigsten Merkmale einer strategischen Ausrichtung. Ihre Ausprägung wird mittels einer Punktabfrage auf eine fünfteilige Ordinalskala ab-

getragen. Die arithmetischen Mittelwerte ergeben ein Profil; die Durchschnitte aller wichtigsten Merkmale die Ausprägung einer Orientierung.
- Graphisch kann man nun die Ungleichseitigkeit des magischen n-Ecks erkennen.

Aussagekraft/Nutzen:
- Einfache Durchführung und
- prozeßbegleitendes Instrument, da die Konkretisierung und Bestandsaufnahme immer wieder erfolgen kann.

Anwendungsgrenzen/Nachteile:
- Zielt nicht direkt auf zentrale Werte sondern auf artikulierte Ausrichtungen und
- arithmetische Behandlung spiegelt nicht notwendig das Verhältnis der Orientierungen wider.

Literaturhinweise:
1. Böning, U., Exzellent führen, Freiburg 1989, S.383-415
2. Pümpin, C., Unternehmenskultur, Unternehmensstrategie und Unternehmenserfolg, in: GDI-Impuls (1984), H.2

Beliefs Audit

Wozu?	Strukturieren
Wann?	Erfahren, Erkunden
Wo?	alle Ebenen
Wodurch?	Kultur

Kurzbeschreibung:
Der Beliefs Audit ist ein strukturierter Fragebogen, der unmittelbar auf die geteilten Werte und Überzeugungen in einer Organisation bzw. in einem Projekt zielt. Sein Motto ist, dem Unternehmen einen Spiegel vorzuhalten. Das Instrument zählt daher zur Kulturanalyse. Erhoben werden Vorstellungen, Assoziationen, Wünsche, Erwartungen, Projektionen u.a., die die Beteiligten bezüglich „ihres" Projekts äußern. Der konkret eingesetzte Fragebogen setzt sich aus einer Reihe von Standardfragen eines

umfangreicheren Pools zusammen. Zu beachten ist die ausgewogene Zusammensetzung offener und geschlossener Fragen sowie die auf die befragte Zielgruppe angemessene Skalierung.

Im Projektkontext wird der Beliefs Audit meist als Vollerhebung durchgeführt. Die Fragebögen werden mit den üblichen statistischen Methoden, insbesondere mit multivariaten Verfahren (Faktorenanalyse, Clusteranalyse, mehrdimensionale Skalierung u.a.) ausgewertet und interpretiert. Mögliche Ergebnisse sind die Erkenntnis von Stärken, Schwächen, Friktionen, divergierende Interessen, Akzeptanzen und somit insgesamt Ansätze für die weitere Arbeit. Die Rückmeldung der Ergebnisse erfolgt in einer Präsentation und/oder in einem schriftlichen Gutachten. Der Beliefs Audit ist kein Selbstzweck. Seine Einbindung in den jeweiligen Gestaltungs- und Veränderungsprozeß ist entscheidend für seine Ausssagekraft und Wirkung.

Typische Fragen:
- Mit welchem abgeschlossenen Projekt in Ihrem Unternehmen ist das laufende Projekt am ehesten zu vergleichen?
- Mit welchem weltgeschichtlichen Ereignis würden Sie das Projekt am ehesten vergleichen?
- Wie charakterisieren Sie die Akzeptanz des Projekts im Unternehmen?
- Mit welchem Tier könnte man das Projekt am ehesten vergleichen?
- Unter welcher Schlagzeile würden Sie über die vergangene Projektwoche berichten?
- Wie hoch ist die Bedeutung des Projekts aus Ihrer Sicht für das Unternehmen/für den Markt?
- Welche Prinzipien werden in der Zusammenarbeit besonders beachtet/betont?

Aussagekraft/Nutzen:
- Repräsentatives Gesamtbild über die Stimmung in der Projektmannschaft möglich,
- relativ einfache Zusammenstellung und Erhebung sowie
- Rückmeldung löst häufig direkte Betroffenheit aus und öffnet für Veränderungen.

Anwendungsgrenzen/Nachteile:
- Aussagekraft ist zeitlich begrenzt und
- Auswertungs- und Interpretationsaufwand oft hoch in Relation zum Nutzen des Ergebnisses.

Literaturhinweise:
1. Neuberger, O./Kompa, A., Wir, die Firma, Weinheim-Basel 1988
2. Kobi/Wüthrich, Unternehmenskultur erfassen, verstehen und gestalten, Landsberg 1988
3. Boston Consulting Group, Präsentationsunterlagen "Beliefs Audit", unveröffentlicht, Düsseldorf 1989

Instrumente zur Prognose

Delphi-Technik

Wozu?	Generieren, Strukturieren
Wann?	Erfahren, Erkunden, Entdecken
Wo?	alle Ebenen
Wodurch?	alle Faktoren

Kurzbeschreibung:
Die Delphi-Technik ist eine Prognose-Methode. Sie basiert auf der Annahme, daß ein komplexes Problem von mehreren Experten besser analysiert und gelöst werden kann, als von einem Experten allein. Im Rahmen der Delphi-Technik werden Experten mit Hilfe standardisierter Fragebogen unabhängig voneinander befragt. Diese Befragung wird in mehreren Runden durchgeführt, so daß immer wieder die Möglichkeit gegeben ist, die gegebenen Antworten zu modifizieren.

Die Antworten werden anonym gegeben, wodurch sich der besondere Vorteil gegenüber Gruppendiskussionen ergibt. Da es zu keinem direkten Zusammentreffen der Experten untereinander kommt, werden Konformitätsdruck und Statusdenken ausgeschaltet. Gesteuert wird die Befragung von einer sogenannten Monitorgruppe.

Eine Variante der Delphi-Technik, das Ideen-Delphi, läuft nach den gleichen Prinzipien der Delphi-Technik ab, dient jedoch nicht so sehr prognostischen Zwecken, sondern soll Entscheidungsprozesse unterstützen und bei der Ideengenerierung helfen.

Aufgaben der Monitorgruppe
Die Monitorgruppe bereitet die Befragung vor, versendet die Fragebögen und übernimmt die Auswertung. Zu ihren Aufgaben zählt auch die Auswahl der Experten und deren Motivation zur Teilnahme an der Befragung.

Zahl der Delphi-Runden
Im Normalfall läuft die Delphi-Technik über drei bis vier Runden, bis die Expertenmeinungen zu einem Gruppenurteil, dem sogenannten Delphi-Urteil zusammengefaßt werden. Dieses Delphi-Urteil dient dann als Entscheidungsgrundlage.

Aussagekraft/Nutzen:
- Orts- und Zeitungebundenheit der Methode,
- Abgrenzungen zwischen Experten und Linienmanagern können überwunden werden und
- gut geeignet zum Abschätzen von Eintrittswahrscheinlichkeiten.

Anwendungsgrenzen/Nachteile:
- Auswahl der Experten ist subjektiv,
- Fragestellung kann von den Experten unterschiedlich interpretiert werden und
- Befragung ist sehr zeitaufwendig.

Literaturhinweise:
1. Helmer, O./Rescher, N., On the Epistemology of the Inexact Sciences, in: Management Science 6 (1959), S. 25-52.

Instrumente

Function-Point Methode

Wozu?	Strukturieren, Organisieren, Controlling
Wann?	Entwerfen, Erschließen
Wobei?	Informationsverarbeitung, Lernen
Wodurch?	Materielle, finanzielle, personelle Ressourcen

Kurzbeschreibung:
Die Function Point Methode (FUPO) dient zum Schätzen des Aufwands von DV-Projekten. Im Gegensatz zur Schätzung der zu produzierenden Lines of Code (LOC) liegt die Betonung auf der Schätzung von Analysegrößen und des Grobdesigns. Voraussetzung ist, daß fachliche Konzepte vorliegen und eine unternehmensspezifische Erfahrungskurve aus der Nachkalkulation abgeschlossener Projekte vorliegen. Durch Zählung und Bewertung der Größen der fachlichen Verfahrensstruktur wird der Gesamtaufwand anhand der Erfahrungskurve ermittelt.

Mit dieser Methode sind nicht nur projektbegleitende Schätzungen und Kontrollrechnungen durchführbar, sondern auch projektübergreifende Vergleiche möglich. Darüber hinaus ist die FUPO eine Methode zur Produktivitätsmessung und erlaubt zeitübergreifende Analysen. In der Praxis haben sich durch die Anpassung an unternehmensspezifische Belange zahlreiche Varianten der Methode herausgebildet, die sich nach der Zahl der Einflußfaktoren, Skalendefinition und Schätzgleichungsansatz unterscheiden.

Vorgehen:
1. Zählung der Größen der fachlichen Verfahrensstruktur (z.B. Eingabe- und Ausgabedaten, Abfragen, interne und externe Datenbestände)
2. Bewertung der Größen auf einer dreistufigen Skala (einfach, mittel, komplex)
3. Summation der bewerteten Function Points. Ergebnis S1
4. Bewertung von 14 Einflußfaktoren auf einer sechsstufigen Skala (0=kein Einfluß, 5=starker Einfluß
5. Summation der bewerteten Einflußfaktoren. Ergebnis S2
6. $FP = S1 * ((S2+65)/100)$

7. Aufwand MM aus FP = a * MM ** b (Parameter a,b aus Schätzgleichung)

Aussagekraft/Nutzen:
- Vergleich Plan/Ist möglich,
- Produktivitätsmessung möglich,
- minimale Schätzunsicherheit,
- früher Einsatz im Projekt möglich und
- zwingt zur Dokumentation.

Anwendungsgrenzen/Nachteile:
- Durchsetzung schwierig,
- zentrale Unterstützung zur einheitlichen Anwendung nötig,
- Eichverfahren notwendig (Nachkalkulation) und
- Validität der Schätzgleichung.

Literaturhinweise:
1. Bundschuh, M./Peetz, W./Siska, R., Aufwandsschätzung von DV-Projekten mit der Function-Point-Methode, Köln 1991
2. Albrecht, A.J., AD/M Productivity Measurement and Estimate Validation, Purchase 1984

Trendextrapolation

Wozu?	Strukturieren, Regeln
Wann?	Erfahren, Erkunden, Entwickeln, Erschließen
Wo?	alle Ebenen
Wodurch?	alle Faktoren

Kurzbeschreibung:
Trendextrapolation ist die „Verlängerung" der von zyklischen oder zufälligen Schwankungen freien Grundrichtung einer Zeitreihe in die Zukunft. Das Verfahren setzt also das Vorhandensein quantitativer Daten für eine bestimmten Sachverhalt zu mehreren Meßzeitpunkten voraus (z.B. monatliche Kosten). Die Beschränkung erfolgt meist auf den linearen „geraden" Teil und ist mit dem Argument zu begründen, daß somit alle saisonalen, einmaligen und zufälligen Einflüsse aus der Zeitreihe

herausgefiltert sind. Die Schätz- und Bewertungstechniken entsprechen dann im wesentlichen der linearen Regression (Methode der kleinsten Quadrate) mit der Zeit als unabhängiger Variabler. Ergebnisse sind neben den prognostizierten Werten für zukünftige Zeitpunkte auch Maßzahlen, die die statistische Qualität der Prognose wiederspiegeln.

Schätzgleichungen:
$x = a + bt$ (linearer Trend)
$x = a^{bt}$ (exponentieller Trend)
$x = S/(1 + e^{a-bt})$ (logistischer Trend)

mit x: zu prognostizierende Größe; t: Zeit; a, b: Struktur-Parameter der Funktion; S: Sättigungsgröße.

Vorgehen:
1. Schätzung von a und b aufgrund von Vergangenheitsdaten für t und x.
2. Einsetzen von künftigen Werten für t und Berechnung der zugehörigen Werte x.

Beurteilung der Prognosegüte:
- Standardfehler, Bestimmtheitsmaß
- Durbin-Watson-Test, Konfidenzintervalle

Aussagekraft/Nutzen:
- Geeignet für längersfristig stabile, stetige Entwicklungen,
- einfaches Verfahren und
- leicht darstell- und interpretierbare Ergebnisse.

Anwendungsgrenzen/Nachteile:
- Ungeeignet bei nichtlinearen Entwicklungen,
- ungeeignet bei Entwicklungssprüngen und
- zuverlässige Datenbasis notwendig.

Literaturhinweise:
1. Hujer, R./Cremer, R., Methoden der empirischen Wirtschaftsfforschung, München 1978
2. Meffert, H., Marketing, Wiesbaden 1978, S. 194-200

Spektralzerlegung von Zeitreihen

Wozu?   Strukturieren, Regeln
Wann?   Erkunden, Erschließen
Wo?   alle Ebenen
Wodurch?   alle Faktoren

Kurzbeschreibung:
Vor allem bei ökonomischen Zeitreihen liegt die Vermutung nahe, daß sich die zugrundeliegenden Prozesse als Zyklen beschreiben und erklären lassen. Ein Prognoseverfahren, daß sich diese Grundvorstellung zunutze macht, ist die Spektralzerlegung von Zeitreihen.

Allgemein wird der zeitliche Verlauf einer quantifizierten Größe gedacht als sich überlagernde Schwingungen mit je charakteristischer Amplitude, Frequenz und Phasenverschiebung gegenüber den anderen Komponenten.

Der mathematische Ansatz der Schätzgleichung kann dabei problem- und meßabhängig variiert werden. Bei der Extrapolation in die Zukunft wird komponentenweise vorgegangen: Mit festen Stützzeiträumen bewegt sich die Analyse gleichsam aus der Vergangenheit auf die Gegenwart zu und verändert, immer wieder schätzend die Werte der Funktionsparameter

Vorgehen:
1. Die nicht schwingende Trendkomponente wird durch ein Polynom dritten Grades abgebildet.
2. Die schwingende Saisonkomponente wird durch eine endliche Fourier-Reihe dargestellt.
3. Bei der Schätzung der Saisonkomponente werden vorhandene „Reste" der glatten Komponente durch Mitführung eines weiteren Polynoms aufgefangen.

Aussagekraft/Nutzen:
- Theoretisch begründete Prognosen und nicht nur Fortschreibung der Vergangenheit und
- Ausbaufähigkeit zu einem Prognosesystem.

Anwendungsgrenzen/Nachteile:
- Mathematisch und statistisch anspruchvolles Verfahren,
- sukzessives Schätzverfahren, daß sinnvolle Annahmen von Schritt zu Schritt erfordert.

Literaturhinweise:
1. Hujer, R./Cremer, R:, Methoden der empirischen Wirtschaftsforschung, München 1978, S.62-68
2. Nullau, B., Verfahren zur Zeitreihenanalyse, in: Vierteljahreshefte zur Wirtschaftsforschung (1968), S.58-82.

Scenario Writing

Wozu?   Generieren, Strukturieren, Regeln
Wann?   Erfahren, Erkunden, Erschließen, Erreichen
Wo?   alle Ebenen
Wodurch? alle Funktionen

Kurzbeschreibung:
Ausgangspunkte des Scenario Writing sind gegebene Situationen. Von diesen aus wird schrittweise eine gedachte zukünftige Situation gedanklich entwickelt. Im Gegensatz zu den statistischen, zeitreihenorientierten Verfahren nutzt das Scenario Writing quantitative und qualitative Informationen. Entscheidend für die Prognosegüte ist allerdings die Sicherheit der getroffenen Annahmen. Das damit verbundene Risiko wird vor allem durch alternative Szenarios gemindert (z.B. worst case, best case). Die Ergebnisse können sehr vielgestaltig sein und sind auch im Umfang recht unterschiedlich. Anwendung findet das Scenario Writing vor allem bei Machbarkeitsstudien, Störfallrisiko-Schätzungen und Projektfortschrittsprognosen.

Schritte:
1. Formulierung der Aufgabenstellung, Auswertung von Hintergrundinformationen.
2. Ermittlung von Einflußgrößen und Deskriptoren.
3. Umfeldanalyse und Einwirkungen auf die Einflußgrößen

bzw. ihre Deskriptoren, Bestimmung kritischer Deskriptoren.
4. Sensitivitätsanalysen von Einflußgrößen/Deskriptoren hinsichtlich ihrer Wechselwirkung und Annahmenbildung.
5. Zusammenstellung des Szenarios.
6. Konstruktion möglicher Störereignisse und Folgenabschätzung.
7. Schlußfolgerung auf Konsequenzen für das Untersuchungsfeld.

Aussagekraft/Nutzen:
- Qualitative Informationen berücksichtigt und
- fachübergreifend.

Anwendungsgrenzen/Nachteile:
- Hängt von der Vorgabe einer Ist-Situation ab und
- Sicherheit der Annahmen entscheidet über die Prognosegüte.

Literaturhinweise:
1. Mahmoudzadeh, K., Wichtige Methoden und Verfahren im Projektmanagement, in: Projektmanagement-Fachmann, Eschborn 1991, S.564-567.

Instrumente

Instrumente zur Zielfindung und Potentialanalyse

Theoretische Zielanalyse

Wozu?	Strukturieren, Voranbringen, Generieren
Wann?	Entdecken, Entwickeln, Erschließen
Wo?	Informationsverarbeitung, Lernen
Wodurch?	Motivation, Fachqualifikation, Führungsstil

Kurzbeschreibung:
Aufgabe der Zielanalyse ist es, das wesentliche Merkmal eines Projekts, nämlich seine Zielfunktion näher zu bestimmen, d.h. Projektziel, Unterziele bzw. Zieldimensionen, Teilziele und Indikatoren zu identifizieren und in Relation zueinander zu setzen (Rechtfertigungs- und Ableitungsbeziehungen).

Ergebnis der Zielanalyse ist eine Zielhierarchie, graphisch als Zielbaum dargestellt. Es sind dies zunächst nur mögliche Ziele. Welche prioritär, realistisch oder optimal sind, muß anschließend durch zusätzliche Überlegungen bestimmt werden.

Die einfachste Methode der Zielerarbeitung besteht darin, daß das Projektteam eine zuvor durchgeführte Problemanalyse aufgreift und alle dort aufgeführten Probleme positiv umdefiniert, die Hierarchie aber unverändert läßt.

Filternd ist dabei die Frage, welche Probleme im Einflußbereich des Projektmanagments liegen (könnten) und welche nicht.

Schritte:
1. Umformulieren der negativen Zustände der Problemhierarchie in positive Zustände.
2. Überprüfen der Ziel-Mittel-Beziehungen auf Gültigkeit, Vollständigkeit und Logik.
3. Falls notwendig, Erweiterung und Modifikation des Zielbaums.

Aussagekraft/Nutzen:
- Einfach durchführbar und
- breit getragen.

Anwendungsgrenzen/Nachteile:
- Setzt aufwendiges Problemanalyseverfahren voraus,
- ethisch fragwürdige Zielformulierungen können entstehen und
- unsinnige Zielformulierungen können entstehen.

Literaturhinweise:
1. Gesellschaft für Technische Zusammenarbeit, Zielorientiertes Planen von Projekten und Programmen der technischen Zusammenarbeit (ZOPP), Leitfaden, Eschborn 1989

Zielgewichtung

Wozu?	Strukturieren, Regeln, Voranbringen
Wann?	Entdecken, Entwickeln, Erschließen
Wo?	alle Ebenen
Wodurch?	alle Faktoren

Kurzbeschreibung:
Die schwächste Form der Zielgewichtung ist die Aufstellung einer Zielrangfolge. Für bestimmte Bewertungs- und Entscheidungsverfahren wie z.b. die Nutzwertanalyse werden jedoch kardinale (in Zahlen/ Prozenten ausgedrückte) Zielgewichtungen benötigt. Dazu gibt es folgende Verfahren:

JoJo:
Bei diesem Verfahren werden im Zielsystem zunächst auf der obersten Ebene Prozentpunkte auf die Ziele verteilt, z.B. Oberziel A --> 30%, Oberziel B --> 65%, Oberziel C --> 5%. Diese Prozentpunkte werden auf der nächst niedrigeren Ebene des Zielsystems weiter auf die Unterziele verteilt, z.B. Unterziel A1 --> 10%, Unterziel A2 --> 20%. Dieses Verfahren wird bis zur untersten Zielebene fortgeführt.

Paarweiser Vergleich
Alle Ziele der untersten Ebene des Zielsystems werden in einer Matrix miteinander gekreuzt. Jedes Ziel wird mit allen anderen Zielen verglichen, wobei jeweils angegeben wird, welches Ziel als wichtiger angesehen wird.

Auszählung der Präferenzen:
Zur Umwandlung der Rangfolge in Prozentwerte gibt es zwei Möglichkeiten:
a) Die Rangfolge wird in Prozentwerte umgerechnet.
b) Die Prozentwerte werden unter Berücksichtigung der Rangfolge „nach Gefühl" vergeben.

Im Fall b) verbleibt ein gewisser Gestaltungsspielraum zur Gewichtung der Ziele. Durch Addition der Prozentpunkte von Einzelzielen läßt sich dann leicht das Gewicht von Oberzielen errechnen. Bei diesem Verfahren verläuft der Rechenweg also „bottom-up".

Aussagekraft/Nutzen:
Zielgewichtungen sind immer Ausdruck subjektiver Einschätzungen - die Darstellung von Rangfolgen oder Prozentziffern macht diese Subjektivität transparent.

Anwendungsgrenzen/Nachteile:
Verfahren setzen voraus, daß die zu gewichtenden Ziele eindeutig und überschneidungsfrei formuliert worden sind.

Literaturhinweise:
1. Schmidt, G., Methode und Techniken der Organisation, Bd. 1, Gießen 1983

Empirische Zielanalyse

Wozu?	Strukturieren, Regeln
Wann?	Erkunden
Wo?	alle Ebenen
Wodurch?	alle Faktoren

Kurzbeschreibung:
Nicht immer hat das Projektmanagement die Freiheit, Ziele selbst zu artikulieren. Oft sind Ziele gegeben. Wenn dann aus verschiedenen Quellen Zielartikulationen vorliegen mit unterschiedlichem Abstraktionsgrad, Begründungszusammenhang, thematischen Bezug und Geltungsanspruch, wird die Bestimmung einer konsistenten Zielfunktion für das Projekt schwierig.

Die empirische Zielanalyse ist eine Inhaltsanalyse von Programmen, Gutachten, Absichtserklärungen, Stellungnahmen und anderer einschlägiger Quellen. Sie stellt Prädispositionen in einen finalen Zusammenhang, d.h. ordnet sie nach Ableitungs- bzw. Rechtfertigungsbeziehungen in eine Hierarchie. Ergebnis ist ein Zielbaum mit mehreren Wert-Stämmen, strategischen Ästen, operativen Zweigen und indikativen Blättern. Ein Beispiel ist die Auswertung wirtschafts- und sozialpolitischer Programme im Rahmen des SPES-Forschungsprojekts in den 70er Jahren in Deutschland.

Schritte:
- Auswertung von Programmatiken hinsichtlich artikulierter Ziele,
- Auswertung von Programmatiken hinsichtlich Ableitungs- und Rechtfertigungsbeziehungen zwischen den Zielen,
- Kombination unterschiedlicher Quellen,
- Bildung von Zielebenen und Zuordnung der Ziele und Beziehungen, graphische Darstellung und
- Identifikation von Zielkonflikten

Aussagekraft/Nutzen:
- empirisch valide, keine Fremdbestimmung von Zielen,
- Orientierung für das Projekt und
- Commitment für das Projektteam

Anwendungsgrenzen/Nachteile:
- Begriffliche Schwierigkeiten beim Vergleich unterschiedlicher Quellen,
- Vollständigkeit der Quellen nie gegeben und
- Zielanalyse ist selbst nicht wertfrei.

Literaturhinweise:
1. Zapf, W., Lebensbedingungen in der Bundesrepublik, Frankfurt-New York 1977
2. Oefner, S., DAVIES - ein volkswirtschaftliches Prognose- und Simulationsmodell für die Bundesrepublik - das Gesamtkonzept, Studienarbeit, Darmstadt 1980

Instrumente zur Alternativensuche

Brainstorming

Wozu?	Generieren
Wann?	alle Phasen
Wo?	alle Ebenen
Wodurch?	alle Faktoren

Kurzbeschreibung:
Die Methode Brainstorming beruht auf dem Prinzip der „freien Assoziation" von Ideen. Die Teilnehmer werden aufgefordert, zu einem definierten Problem Ideen und Lösungen zu entwickeln. Die Ideen werden mündlich geäußert (im Gegensatz zum Brainwriting), so daß die Teilnehmer sich von den Äußerungen der anderen Gruppenmitglieder anregen lassen können. Je heterogener die Gruppe zusammengesetzt ist, desto größer ist die Wahrscheinlichkeit für das Auffinden neuartiger Lösungen. Die Zurufe werden für alle sichtbar mitprotokolliert; dadurch entsteht ein Überblick über das bisher Gesagte und Redundanz in den Nennungen wird vermieden. Erst in der zweiten Phase erfolgt die Bewertung und Analyse der Problemlösungsvorschläge.

Regeln:
1. Freies Assoziieren und Phantasieren ist erwünscht.
2. Es sollen möglichst viele Ideen erzeugt werden.
3. Es darf während der Phase der Ideensammlung auf keinen Fall Kritik an den Ideen geübt werden.

Durchführungsempfehlungen:
Die Gruppe sollte aus 5-7 Teilnehmern bestehen; die Dauer zwischen 10 und 20 Minuten liegen.

Aufgaben des Moderators:
- Information über das zu lösende Problem,
- Erklären und Überwachen der Brainstormingregeln,
- Steuerung des Kommunikationsprozesses.

Auswertung und Weiterarbeit
Nach Abschluß der kreativen Ideensammlung werden ähnliche bzw. gleiche Ideen zusammengefaßt (Clusterbildung). Bevor die Ideen bewertet und miteinander verglichen werden, müssen sie in einem Zwischenschritt noch genauer entwickelt werden.

Aussagekraft/Nutzen:
- Einfach in der Durchführung,
- Geringe Kosten,
- Ausnutzen von Gruppensynergien und
- durch das Verlagern der Bewertung auf einen späteren Zeitpunkt werden Denkblockaden abgebaut.

Anwendungsgrenzen/Nachteile:
- Nicht geeignet für komplexe Probleme,
- Konflikte innerhalb der Gruppe können den Ideengenerierungsprozeß sowie die Beurteilung erschweren bzw. behindern,
- Gefahr der Abschweifung und Problemausdehnung.

Literaturhinweise:
1. Schmidt, G., Methoden und Techniken der Organisation, Bd. 1, Gießen 1983
2. Beriger, P., Quality Cicles und Kreativität, Bern-Stuttgart 1986

Methode 6-3-5

Wozu? Generieren
Wann? Erfahren, Entdecken, Entwerfen
Wo? alle Ebenen
Wodurch? alle Faktoren

Kurzbeschreibung:
Die Methode 635 ist den Brainwriting-Techniken zuzuordnen, die eine Weiterentwicklung des Brainstorming darstellen. Der Name entstand durch die Art der Vorgehensweise: 6 Teilnehmer sollen jeweils 3 Ideen in 5 Minuten schriftlich fixieren. Danach tauschen die Teilnehmer ihre Vorschläge untereinander aus und notieren 3 weitere Ideen, die entweder neu sind oder eine Weiterentwicklung der bereits vorhandenen Vorschläge darstellen. Somit entstehen in 30 Minuten 108 Ideen. Die Vorbereitungen entsprechen weitgehend denen des Brainstorming unter Ergänzung eines geeigneten Formulars für die schriftliche Notierung.

Regeln:
- Arbeitsablauf bekanntgeben: jeder Teilnehmer soll 3 Ideen in 5 Minuten schriftlich notieren und diese an die anderen Teilnehmer weitergeben.
- Das Problem definieren und seine Ursachen skizzieren

Aussagekraft/Nutzen:
- Eignet sich auch für größere Gruppen,
- Führungs- und Protokollaufgaben entfallen,
- einfache Durchführung und
- in kurzer Zeit kann eine Vielzahl von Ideen entwickelt werden.

Anwendungsgrenzen/Nachteile:
- Der starre Ablaufmechanismus und die Formalisierung beeinträchtigen das kreative Denken.
- Eine Auswertung der Ideen in der Gruppe ist aufwendig, da die Ideen handschriftlich festgehalten werden.

Literaturhinweise:
1. Schmidt, G., Methode und Techniken der Organisation, Gießen 1983
2. Beriger, P., Quality Circles und Kreativität, Bern-Stuttgart 1986

Synektik

Wozu?   Generieren, Strukturieren, Organisieren
Wann?   in allen Phasen
Wo?   alle Ebenen
Wodurch? alle Faktoren

Kurzbeschreibung:
Die synektischen Methoden beruhen auf der Kreativitätstheorie und stimulieren kreative Denkprozesse, indem der Arbeitsablauf den Phasen des kreativen Denkens entspricht und zugleich das für die Kreativität typische Prinzip der Verbindung sachlich unterschiedlicher Aspekte angewendet wird.

Demzufolge unterscheidet die Synektik folgende Aktivitätsmuster:
- Beschäftigung mit dem Problem, d.h. Informationssammlung, Strukturierung, etc.,
- Ablenkung vom Problem, z.B. durch Verfremdung des Sachverhaltes,
- Herstellung von Verbindungen zwischen dem Problem und dem verfremdeten Sachverhalt und
- spontanes Bewußtwerden von Lösungsideen.

In den Sitzungen soll vor allem emotionales Verhalten und kreatives Denken vorherrschen. Die Gruppen sollten aus 8-12 Teilnehmern, die aus verschiedenen Bereichen stammen, bestehen. Bei der Synektik handelt es sich um eine sehr anspruchsvolle Methode, die bei den Teilnehmern geistige Beweglichkeit und Engagement sowie ein positives Gruppenklima voraussetzt. Synektiksitzungen sollten mit einem Moderator durchgeführt werden und dauern von 2-3 Stunden bis zu mehreren Tagen.

Phasen:
1. Problemvorgabe
2. Problemanalyse
3. Entwicklung spontaner Lösungsansätze
4. Neue Problemdefinition
5. Bildung und Auswahl von Analogien
6. Bildung und Auswahl direkter Analogien
7. Beschreibung ausgewählter Analogien
8. Herstellung der Verbindung zum Problem
9. Festhalten der Lösungsansätze

Aussagekraft/Nutzen:
- Kritisch-intellektuelles Verhalten wird gefördert.
- Durch kreative Denkprozesse können neue Problemlösungen generiert werden.

Anwendungsgrenzen/Nachteile:
- Sehr aufwendiges und kompliziertes Verfahren,
- Praxistransfer erweist sich als schwierig.

Literaturhinweise:
1. Beriger, P., Quality Circles und Kreativität, Bern-Stuttgart 1986

Morphologischer Kasten

Wozu?	Generieren, Strukturieren
Wann?	Entwerfen
Wo?	alle Ebenen
Wodurch?	alle Funktionen

Kurzbeschreibung:
Die morphologischen Methoden zur Kreativitätsförderung beruhen auf einem rationalen Ansatz und unterscheiden sich damit von den intuitiven Methoden wie Brainstorming oder Synektik. Das Ziel der morphologischen Analyse ist die vollständige Erfassung eines Problems, um dann alle möglichen Lösungsalternativen entwickeln zu können.

Der morphologische Kasten stellt das Hauptinstrument der Morphologie dar. Dabei handelt es sich um eine Matrix, in der die Einflußgrößen des zu lösenden Problems mit ihren jeweiligen Ausprägungen dargestellt werden. Lösungen ergeben sich durch Kombination der verschiedenen Ausprägungen. Das Auffinden der Einflußgrößen und ihrer Ausprägungen ist Teil des kreativen Prozesses und kann durch die Anwendung der Brainstorming-Methode unterstützt werden.

Prinzipiell ergeben sich bei n Einflußgrößen und m Ausprägungen pro Einflußgröße Σ m1 x m2 x ... x mn mögliche Lösungen. Bei der Analyse der Lösungen werden logisch unverträgliche Kombinationen von Ausprägungen ausgeschlossen, um die Zahl der zu untersuchenden Lösungsmöglichkeiten einzugrenzen.

Arbeitsschritte:
1. Problemdefinition,
2. Aufstellung der Einflußgrößen,
3. Suche nach den Werten/Ausprägungen für die Einflußgrößen,
4. Analyse der Lösungen und
5. Lösungsauswahl.

Das morphologische Denken kann sowohl von Einzelpersonen als auch in der Gruppe durchgeführt werden. Denkblockaden, Fixierungen und Abschweifungen können durch die systematische und analytische Vorgehensweise verhindert werden.

Aussagekraft/Nutzen:
- Kombination von analytischem und kreativem Denken,
- universelle Anwendbarkeit,
- durch die Matrix können systematisch Lösungen erarbeitet werden und
- wesentliche Aspekte werden berücksichtigt.

Anwendungsgrenzen/Nachteile:
- Arbeits- und zeitaufwendig,
- Probleme bei der Auswahl und Evaluierung der Lösungen,
- möglicherweise keine gesamtheitliche Lösung.

Literaturhinweise:
1. Schmidt, G., Methode und Techniken der Organisation, Bd. 1, Gießen 1983
2. Beriger, P., Quality Circles und Kreativität, Bern-Stuttgart 1986

Phasenschemata

Wozu?	Generieren, Strukturieren
Wann?	Erfahren, Erkunden, Entdecken, Entwerfen
Wo?	Lernen, technische und soziale Gestaltung
Wodurch?	Teamqualifikation, Motivation,

Kurzbeschreibung:
Um sachliche oder zwischenmenschliche Probleme als Projektteam in den Griff zu bekommen, ist es durchaus sinnvoll methodisch vorzugehen und das heißt auch manchmal: schematisch. Phasenschemata bringen die Aspekte ungeklärter Situationen in eine Reihenfolge. Diese ist nicht immer strikt einzuhalten, aber sie gibt Orientierung und macht eine intuitive Moderation und Gesprächsführung erst möglich. Es gibt eine Vielzahl solcher Phasenmodelle, die sich nach methodischem Schwerpunkt (Moderation oder Dialog), inhaltlichem Schwerpunkt (Konfliktlösung oder kreative Suchprozesse) und persönlicher Neigung der Autoren unterscheiden.

Prozeßschemata haben selbst kein Ergebnis, sondern helfen dem Projektteam, sich konstruktiv auseinanderzusetzen, die Synergievorteile der Gruppe optimal zu nutzen, fair zu bleiben und einen transparenten Arbeitsprozeß zu gestalten.

Schema DALLAS:
1. Definieren des Problems
2. Anregen von Lösungen
3. Lösungsmöglichkeiten beschreiben
4. Lösungsmöglichkeiten bewerten
5. Anwenden der besten Lösung
6. Situation überprüfen

Schema PULEUC:
1. Problem
2. Ursachenanalyse
3. Lösungsmöglichkeiten
4. Entscheidung
5. Umsetzung
6. Controlling

Aussagekraft/Nutzen:
Gibt Halt in unübersichtlichen und/oder gespannten Situationen.

Anwendungsgrenzen/Nachteile:
Das Verfahren selbst macht den Erfolg nicht aus, sondern ist eine reine Orientierungshilfe.

Literaturhinweise:
1. Böning, U., Moderieren mit System, Wiesbaden 1991

Instrumente zur Bewertung

Kosten-Nutzen-Analyse (KNA)

Wozu?	Strukturieren, Regeln
Wann?	Entwickeln, Erschließen
Wo?	Informationsverarbeitung, Lernen, Ökonomie
Wodurch?	Fachqualifikation, Ressourcen

Kurzbeschreibung:
In der KNA werden Kosten und Nutzen einer Alternative gegenübergestellt und verrechnet. Entscheidungskriterium sind die Kosten pro Nutzeneinheit. Ggf. ist vorher zu untersuchen, ob K.O.-Kriterien verletzt werden (z.B.: Überschreitung einer absoluten Kostengrenze); in derartigen Fällen werden die Alternativen nicht in den weiteren Entscheidungsprozeß einbezogen,

auch wenn der Kosten-Nutzen-Quotient die Alternative vorteilhaft erscheinen läßt. Die KNA unterscheidet sich von der Nutzwertanalyse dadurch, daß hier die Kosten nicht gegen die übrigen Ziele gewichtet werden müssen. Sie kommt dem Denken in monetären Größen dadurch näher als die Nutzwertanalyse.

Nutzenermittlung:
Die Vorgehensweise zur Ermittlung des Nutzens entspricht dem der Nutzwertanalyse: Aufstellung eines gewichteten Zielsystems, Ermittlung von Indikatoren zur Messung der Zielerreichung, Entwicklung von Nutzenkurven für jeden Zielindikator, Berechnung der Nutzenpunkte pro Alternative gemäß Indikatorausprägung.

Kostenermittlung:
Zur Kostenermittlung kommt die Kostenvergleichsrechnung in Frage, bei der die durchschnittlichen jährlichen Kosten ermittelt werden. Auch die Anwendung der Kapitalwertmethode ist denkbar.

Aussagekraft/Nutzen:
direkt entscheidungsvorbereitend.

Anwendungsgrenzen/Nachteile:
einheitlicher Bewertungsmaßstab (Geldeinheiten) filtert Information.

Nutzwertanalyse (NWA)

Wozu?   Strukturieren, Organisieren
Wann?   Entwickeln, Erschließen, Erreichen
Wo?   Informationsverarbeitung, Ökonomie
Wodurch? Fachqualifikation, Ressourcen

Kurzbeschreibung:
Die Nutzwertanalyse ist ein Verfahren zur Bewertung und zum Vergleich von Alternativen. Die Besonderheit: durch Transformationsprozesse werden auch qualitative Entscheidungspara-

meter „greifbar" gemacht, so daß am Ende alle betrachteten Alternativen über eine einzige Kennziffer verglichen werden können. Die Nutzwertanalyse setzt voraus, daß der Anwender seine Ziele formuliert und gewichtet hat und Indikatoren zur Messung der Zielerreichung benennen kann. Außerdem muß er die alternativen Lösungsmöglichkeiten präzisieren. Zu jedem Zielindikator ist anzugeben, welcher Nutzen bei einem bestimmten Grad der Zielerreichung eintritt.

Beispiel:
Zielindikator ist der Benzinverbrauch, die Meßskala reicht von 0 Liter bis zu 50 Litern; der Nutzen beträgt 100%, wenn der Benzinverbrauch bei 2,5 Litern liegt, 50%, wenn der Benzinverbrauch bei 7,0 Litern liegt, 0%, wenn der Benzinverbrauch bei 15 Litern liegt.

Das Beispiel zeigt, daß a) Nutzenkurven nicht linear verlaufen müssen, b) von der persönlichen Bewertung des Betrachters abhängen. Hier liegt der Vorteil der Methode: durch den Zwang zur Aufstellung von Nutzenkurven werden subjektive Bewertungen transparent gemacht. Durch Multiplikation der Nutzenwerte mit den Zielgewichten ergibt sich pro Alternative ein dimensionsloser Gesamtpunktwert, der zum Vergleich mit anderen Alternativen herangezogen werden kann.

Im Gegensatz zur Kosten-Nutzen-Analyse werden bei der NWA auch finanzielle Größen wie Kosten und Erträge in dimensionslose Nutzenpunkte umgerechnet.

Aussagekraft/Nutzen:
- Subjektive Bewertung von quantitativen und qualitativen Größen wird transparent gemacht.
- Bewertungsunterschiede werden diskutierbar.
- Die Auswirkung von Bewertungsunterschieden kann errechnet werden (Sensitivitätsanalyse).

Anwendungsgrenzen/Nachteile:
- Die Nutzwertanalyse erfordert die Aufstellung von Nutzenkurven für jeden einzelnen Zielindikator.

- Insgesamt hoher Aufwand (allerdings auch differenzierte Herleitung der Entscheidung).

Literaturhinweise:
1. Schmidt, G., Methoden und Techniken der Organisation, Bd. 1, Gießen 1983
2. Zangemeister, C., Nutzwertanalyse in der Systemtechnik, München 1976

Instrumente zur Entscheidungshilfe

Entscheidungsmatrix

Wozu?	Voranbringen, Regeln, Strukturieren
Wann?	Erschließen, Entwickeln
Wo?	Informationsverarbeitung
Wodurch?	Fachqualifikation

Kurzbeschreibung:
Die Entscheidungsmatrix setzt alle denkbaren und durchführbaren Handlungsalternativen in Beziehung zu allen relevanten Situationen, in die das Projekt realistischerweise kommen kann. In den Zellen der Matrix stehen dann für jede Kombination Situation/Handlungsalternative die abgeschätzten Konsequenzen.

Die Entscheidungsmatrix ist angemessen bei überschaubaren Szenarien und gleichberechtigten Alternativen. Sie entspricht in Aufbau und Struktur der Entscheidungstabelle nach DIN 66241.

Schritte:
1. Spezifikation der relevanten Situationen (Kopfzeile)
2. Spezifikation der prinzipiellen Handlungsmöglichkeiten (Vorspalte der Matrix)
3. Ausschluß von unsinnigen/unmöglichen Handlungsalternativen für bestimmte Situationen

4. Abschätzen der Konsequenzen für alle verbleibenden Kombinationen (Zellen der Matrix)
5. Bewertung und Priorisierung der Handlungsalternativen für jede Situation

Aussagekraft/Nutzen:
- Vollständige Information und
- Optimierung möglich

Anwendungsgrenzen/Nachteile:
- Hoher Informationsaufwand und
- scheinbare Sicherheit des Eintretens der Konsequenzen.

Entscheidungsbaum

Wozu?	Führen, Regeln, Strukturieren
Wann?	Erschließen, Entwickeln
Wo?	Informationsverarbeitung
Wodurch?	Fachqualifikation, Führungsstil

Kurzbeschreibung:
Der Entscheidungsbaum ist eine Alternative zur Entscheidungsmatrix. Die Ausgangssitutation, in die ein Projekt kommen kann oder gekommen ist, bildet den Ausgangspunkt der Entscheidungsfindung. Mehrere Handlungsalternativen sind denkbar. Zu jeder sind Konsequenzen abschätzbar und Folgesituationen, die daraus entstehen können. Diese Folgesituationen sind wiederum Ausgangspunkte für weitere Handlungsalternativen.

Abbruchkriterien sind entweder der Zeithorizont oder die Zahl der Stufen. Mit beiden sinkt die Eintrittswahrscheinlichkeit der betrachteten Situationen. Der Entscheidungsbaum ist angemessen in unüberschaubaren Situationen und bei voneinander abhängigen Alternativen bzw. Situationen.

Schritte:
1. Spezifizierung der Ausgangssituation
2. Identifkation von möglichen Handlungsalternativen

3. Abschätzung der Konsequenzen jeder Handlungsalternative und Spezifikation von entsprechenden Folgesituationen
4. Visualisierung
5. Wiederholen der Schritte 2-4 für jede Folgesituation

Aussagekraft/Nutzen:
- Pragmatisch und
- schnell umsetzbar.

Anwendungsgrenzen/Nachteile:
- Unter Umständen suboptimal und
- Sackgassen möglich.

Portfolio-Analyse

Wozu?	Voranbringen, Strukturieren
Wann?	Erkunden, Entwickeln, Erschließen
Wobei?	Ökonomie
Wodurch?	Ressourcen, Ablauforganisation, Fachqualifikation

Kurzbeschreibung:
Ein Portfolio ist die strategische Positionierung von Geschäftseinheiten (Produkten, Dienstleistungen, Kapitalquellen, Mitarbeitern, Technologien, Know-how, Divisions, Abteilungen, Projekten) eines Unternehmens, so daß dessen kurzfristiger Erfolg und langfristiger Bestand optimiert werden. Die graphische Darstellung eines Portfolios ist ein zweidimensionales Diagramm, dessen horizontale Achse stets die gegenwärtige Position der betrachteten Geschäftseinheiten (z.b. Marktanteil von Produkten) und dessen vertikale Achse stets die künftige Attraktivität der Geschäftseinheiten (z.b. Wachstum der Produktmärkte) repräsentieren. Mitgedacht ist ein Entwicklungspfad durch das Diagramm (z.b. Produkt-Lebenszyklus, Projektphasen), dem die Geschäftseinheiten folgen.

Ablauf einer Projekt-Portfolio-Entscheidung:
- Operationalisierung der gegenwärtigen Position von Projekten (Zielerreichungsgrad, Effektivität, Effizienz),

- Operationalisierung der Attraktivität der Projekte (erwartetes Auftragsvolumen, strategisches Gewicht der verfolgten Ziele),
- Messung der Merkmale und Verortung der Projekte im Diagramm,
- Repräsentation der ökonomischen Kräftebindung durch Größe der graphischen Projektdarstellung
- Strategische Entscheidung über Projektschicksale.

Aussagekraft/Nutzen:
- klar strukturiertes Vorgehen,
- Vergleichbarkeit zwischen Projekten,
- Verknüpfung, Abstimmung mit anderen Portfolio-Entscheidungen im Unternehmen möglich.

Anwendungsgrenzen/Nachteile:
- Identifikation von Portfolio-Elementen (z.B. Projektalternativen),
- Operationalisierungs- und Meßprobleme der Positionen,
- Kriterien für Entscheidungsregeln werden nicht mitgeliefert.

Instrumente der Projektplanung

Projektstrukturplan

Wozu?	Strukturieren, Organisieren, Regeln
Wann?	Erkunden, Entwickeln, Erschließen
Wobei?	Inforationsverarbeitung, technische Gestaltung
Wodurch?	Aufbau- und Ablauforganisation

Kurzbeschreibung:
Mit dem Projektstrukturplan wird die Gesamtaufgabe des Projekts in sinnvolle, das heißt für sich bearbeitbare Teilaufgaben zerlegt. Der Projektstrukturplan steuert also Arbeitsteilung und

Reintegration der Ergebnisse zum Ganzen. Ergebnis ist eine Aufgabenhierarchie, bestehend aus der Hauptaufgabe (Erreichen des Projektziels), Teilaufgaben, Arbeitspaketen und Planungseinheiten. Im Unterschied zur Zielhierarchie beschreibt der Projektstrukturplan Vorgänge (dort: Zustände), ist handlungsorientiert (dort: ergebnisorientiert) und hat eine innere Mengenlogik (dort: finale Logik).

Vorgehen:
1. Zerlegen der Gesamtaufgabe in Teilaufgaben, Arbeitspakete und Planungseinheiten.
2. Restrukturieren in objektorientierter Form (Flügel, Zelle, Triebwerk), funktionsorientierter Form (Konstruktion, Arbeitsvorbereitung, Werkstatt) oder einer Kombination.
3. Zuordnen von Verantwortlichkeiten zu den Teilaufgaben (Schnittstelle zur Beteiligten-Analyse einerseits und zum Funktionendiagramm andererseits).
4. Visualisierung als Hierarchie.

Aussagekraft/Nutzen:
- Wichtige Orientierungshilfe, eindeutig, transparent, nachvollziehbar und
- relativ flexibel gegenüber Änderungen.

Anwendungsgrenzen/Nachteile:
- Bei großen Projekten schwer kommunizierbar, insbesondere bei dezentraler Organsiation.

Literaturhinweise:
1. Höhne, J., Projektstrukturpläne, in: Projektmanagement - Fachmann, Eschborn 1991, S.150-217

Gantt-Diagramm

Wozu?   Organisieren, Regeln
Wann?   Entwickeln, Erschließen, Erreichen
Wo?   Informationsverarbeitung, technische Gestaltung
Wodurch? Ressourcen, Ablauforganisation

Kurzbeschreibung:
Gantt-Diagramme sind Balkendiagramme, die nach ihrem Entwickler Gantt benannt wurden. Sie sind die älteste Technik, um zeitliche Abläufe darzustellen. Auf der Abszisse erfolgt eine Zeiteinteilung in Tagen, Wochen oder Monaten. Auf der Ordinate können Verrichtungen oder auch Maschinen bzw. Arbeitsplätze eingetragen werden; im ersten Fall spricht man von einem Auftragsfortschrittsplan, im zweiten Fall von einem Maschinenbelegungsplan.

Gantt-Diagramme dienen der Planung, Steuerung und Überwachung von Projekten. In den Diagrammen läßt sich ablesen, wann Aktivitäten beginnen, wieviel Zeit sie beanspruchen und wann sie enden. Auch die zeitliche Lage der Aktivitäten zueinander wird ersichtlich. Gantt-Diagramme liefern somit ähnliche Aussagen wie Netzpläne, sind jedoch sehr viel leichter zu verstehen. Im Gantt-Dagramm lassen sich wie in Netzplänen Pufferzeiten für einzelne Aktivitäten anzeigen. Bei einer Vielzahl darzustellender Aktivitäten geht allerdings der Überblick über die Abhängigkeiten zwischen den Aktivitäten – wer ist Vorgänger, wer ist Nachfolger einer Aktivität? – schnell verloren, so daß auch Pufferzeiten und der kritische Pfad nicht mehr auf einen Blick zu erfassen sind. Ebensowenig lassen sich die Auswirkungen von Änderungen ablesen, oder die möglichen Maßnahmen, um bestimmte Engpässe aufzufangen. Bei größeren Projekten werden Gantt-Diagramme immer mehr durch Darstellungen mit Hilfe der Netzplantechnik ersetzt. Zur Präsentation der Ergebnisse von Netzplanuntersuchungen wird jedoch weiterhin gerne auf Balkendiagramme zurückgegriffen.

Aussagekraft/Nutzen:
- Auch für kleine Projekte gut geeignet.
- Auch für Nichtspezialisten lesbar.
- Entsprechung von Balkenlänge und Zeitaufwand.
- Anschauliche Darstellung des Fortschritts eines Projektes.

Anwendungsgrenzen/Nachteile:
- Verbesserungsmöglichkeiten der Abläufe sind nicht direkt abzulesen.

- Für sehr große Projekte zu unübersichtlich.
- Verknüpfung und Reihenfolge von Verrichtungen lassen sich nur schwer ablesen.

Literaturhinweise:
1. Ani, Awni al, Praxis der Projektplanung mit der Netzplantechnik, Köln-Marienburg 1971
2. Schmidt, G., Methode und Techniken der Organisation, Bd.1, Gießen 1983

Netzplantechnik

Wozu? Organisieren, Regeln
Wann? Enwickeln, Erschließen, Erreichen
Wo? Informationsverarbeitung, technische Gestaltung, Ökonomie
Wodurch? Ablauforganisation, Ressourcen

Kurzbeschreibung:
Die Netzplantechnik dient der Planung, Steuerung und Überwachung von Projekten. Mit Hilfe dieser Technik sollen der zeitliche Ablauf, der Ressourceneinsatz und der Kostenanfall optimiert werden. Unter zeitlichen Gesichtspunkten ist die Ermittlung des kritischen Pfades von besonderem Interesse. Verzögerungen von Aktivitäten entlang dieses Pfades führen zu Verzögerungen des gesamten Projekts. Während Verzögerungen von Aktivitäten abseits des Pfades in gewissen Grenzen – Pufferzeiten – aufgefangen werden können.

Einzelne Aktivitäten können oftmals durch erhöhten Ressourceneinsatz beschleunigt werden, allerdings sind damit Mehrkosten verbunden. Unter Kostengesichtspunkten ist die Ermittlung des kostenoptimalen Zeitablaufs möglich; er entspricht in der Regel nicht dem kürzesten Projektverlauf.

Die Schritte zur Aufstellung eines Netzplans:
1. Die Vorgänge werden tabellarisch dargestellt unter Zuordnung der Vorgangsdauer und des direkten Vorgängers.

2. Die Vorgänge werden entsprechend ihrer Ende-Anfang-Beziehungen graphisch dargestellt.
3. In einer Vorwärtsrechnung werden die frühesten Anfangs- und Endzeitpunkte berechnet.
4. In einer Rückwärtsrechnung werden die spätesten End- und Anfangszeitpunkte berechnet.
5. Die Reihe der Vorgänge ohne Pufferzeit ergibt den kritischen Pfad.
6. Kapazitäts- und Kostenanalysen können anschließend den Netzplan modifizieren.

Aussagekraft/Nutzen:
- Planung und Simulation möglich,
- kritische Stellen sofort erkennbar und
- differenzierte Ansatzmöglichkeit für Kostenoptimierung.

Anwendungsgrenzen/Nachteile:
- Kaum anwendbar für Projekte, deren Struktur wenig bekannt ist;
- für kleine Projekte unangemessen;
- sinnvoll mit EDV-Unterstützung;
- setzt realistische Zeitschätzungen voraus.

Literaturhinweise:
1. Schmidt, G., Methoden und Techniken der Organisation, Bd. 1, Gießen 1983
2. Ani, Awni al, Praxis der Projektplanung mit der Netzplantechnik, Köln-Marienburg 1971

Umsetzungsplanung

Wozu?   Strukturieren, Organisieren, Regeln, Voranbringen
Wann?   alle Phasen
Wo?   alle Ebenen
Wodurch? überwiegend harte Faktoren

Kurzbeschreibung:
Umsetzungsplanungen (Abkürzung: UPL's) dienen zur Darstel-

lung von Meilensteinen und Aktionen in Projekten. Im Gegensatz zu Netzplänen liegt die Betonung auf der detaillierten planerischen Durchdringung des Vorgehens und nicht auf dem optischen Überblick über die logischen und zeitlichen Abhängigkeiten. Insbesondere die kurze und prägnante Formulierung in den Spalten Ziel und Weg geplanter Aktivitäten schafft Klarheit über das weitere Vorgehen und die zu lösenden Probleme.

Der Aufbau:

Spalte	Thema/Aktion	--->	Worum geht es? Bezeichnung des Gegenstandes der Planung.
Spalte	Ziel	--->	Was soll erreicht werden? Wozu dient die Aktivität?
Spalte	Weg	--->	Wie soll vorgegangen werden? Was ist der nächste Schritt?
Spalte	Wer?	--->	Wer ist verantwortlich für die Durchführung?
Spalte	Budget	--->	Wie hoch ist der (Zeit-) Aufwand?

Auf der ersten Seite einer UPL können bei Bedarf zusätzlich Meilensteine (Schlüsseltermine oder -ereignisse) und Merkposten (mögliche, noch nicht fest eingeplante Aktionen) aufgeführt werden.

Pflege von UPL's:
UPL's sind in regelmäßigen Abständen zu aktualisieren. Das Durchsprechen im Team ist vorteilhafter als Einzelarbeit. UPL-Aussprachen fördern das gemeinsame Bewußtsein über Abhängigkeiten, Engpässe und Prioritäten; außerdem führen sie zum gegenseitigen Informationsaustausch.

Durchführung von UPL-Aussprachen:
Bei UPL-Aussprachen ist die gemeinsame Optik wichtig, weil sie den Gesprächsprozeß zentriert. Die UPL sollte über eine Folie oder über Flipchart bzw. Pinwand sichtbar gemacht werden.

Aussagekraft/Nutzen:
- Projekttermine und -aktivitäten mit stichwortartiger Detaillierung;
- Verständigungsgrundlage für alle Mitglieder eines Projektteams;
- Instrument zum Vergleich des geplanten und des tatsächlichen Projektverlaufs.

Anwendungsgrenzen/Nachteile:
- UPL beleuchtet ein Projekt aus dem Blickwinkel von Aktivitäten; die UPL gibt nicht die Grundkonzeption eines Projektes wieder.
- Bei größeren Projekten wird ein differenziertes Regelsystem zur Verwaltung von verschiedenen UPL-Versionen etc. erforderlich.

Funktionendiagramm

Wozu?	Strukturieren, Organisieren, Regeln
Wann?	Entwickeln, Erschließen
Wo?	Informationsverarbeitung
Wodurch?	Ressoucen, Aufbau- und Ablauf-Organisation, Kooperation

Kurzbeschreibung:
Im Funktionendiagramm wird in Matrixform die Zuordnung zwischen Personen/Stellen und Aufgaben dargestellt; in den Matrixfeldern wird durch Symbole oder Abkürzungen kenntlich gemacht, welche Funktion – Entscheidung, Entscheidungsvorbereitung, Planung, Durchführung, Kontrolle – eine Person/Stelle in bezug auf eine bestimmte Aufgabe wahrnimmt. Das Funktionendiagramm zeigt in der Kopfspalte die Gesamtheit der Aufgaben und in der Kopfzeile die Gesamtheit der beteiligten Personen/Stellen. Liest man die Matrix spaltenweise, so kann man die Mitwirkung einer Person/Stelle an der Erfüllung der Aufgabengesamtheit ablesen; liest man die Matrix zeilenweise, so wird die Arbeitsteilung bei der Erfüllung einer bestimmten Aufgabe ersichtlich.

Funktionendiagramme gibt es in ein- und mehrstufiger Form. Bei der mehrstufigen Form werden in der Kopfspalte nicht nur Einzelaufgaben aufgeführt, sondern auch die Zusammenfassung von Einzelaufgaben zu Aufgabenbereichen. Analog werden in der Kopfzeile die hierarchischen Über- und Unterordnungsverhältnisse abgebildet. Dadurch wird es möglich, Gesamtzuständigkeiten und Gesamtverantwortungen darzustellen. Bei der Nutzung der Symbole und Kürzel zur Kennzeichnung der Funktionen gibt es keine festen Regeln. Die Belegung sollte situationsabhängig und nach Zweckmäßigkeitsgesichtspunkten erfolgen.

Es sind differenzierte Kürzel denkbar, z.B.:
E = Entscheidung
EM = Mitentscheidung
EK = Kollektiventscheidung
EV = Entscheidungsvorbereitung

Je differenzierter die Kürzel, um so wichtiger eine Legende zur genauen Beschreibung der Funktion, die sich hinter einem Kürzel verbirgt. Zuviele Kürzel führen zur Unübersichtlichkeit.

Aussagekraft/Nutzen:
- Schneller Überblick über Aufgabenverteilung und Entscheidungskompetenzen;
- aufgabenbezogene Zusammenarbeit gut ablesbar;
- Lücken bzw. unzweckmäßige Zuordnungen sind leicht zu identifizieren.

Anwendungsgrenzen/Nachteile:
- Statisches Instrument, das von einer dauerhaften und fest organisierten Aufgabenzuordnung ausgeht.
- Keine Darstellung von Informations- und Kommunikationsbeziehungen möglich.

Literaturhinweise:
1. Schmidt, G., Methode und Techniken der Organisation, Bd. 1, Gießen 1983
2. Schwarz, H., Betriebsorganisation als Führungsaufgabe, Landsberg 1983

Controlling-Instrumente

Projekt-Tagebuch

Wozu?	Strukturieren, Regeln
Wann?	in allen Phasen
Wo?	auf allen Ebenen
Wodurch?	alle Faktoren

Kurzbeschreibung:
Das Tagebuch begleitet das Projekt von Anfang bis Ende. Es gibt seine Geschichte wieder. Neben dieser dokumentarischen Funktion, die es vor allem für andere, spätere Projekte nützlich macht, hat es aber auch steuernde Funktionen, denn es erlaubt bei aller Komplexität der Projektstruktur einen raschen Einstieg in bestimmte Teilaspekte über die Chronologie der Ereignisse. Damit dies funktioniert, hat das Projekt-Tagebuch seinerseits eine innere Struktur. Ein Projekttagebuch besteht aus mehreren Tagebuch-Einheiten, die jeweils eine Aktion zum Gegenstand haben, zum Beispiel einen Kick-off-Workshop. Zu dieser Tagebuch-Einheit zählen nun alle Protokolle des Workshops selbst, aber auch alle konzeptionellen und technisch-organisatorischen Vorbereitungen, Abstimmungsgespräche, Telefonnotizen, Briefwechsel, Besprechungsprotokolle usw. Das Deckblatt jeder Tagebucheinheit folgt der Gliederung der Umsetzungsplanung. Während das Tagebuch also die chronologische Struktur des Projekts wiedergibt, repräsentiert die TOR-Dokumentation die logische Projektstruktur. Daneben ist es sinnvoll, für das in jedem Projekt jederzeit vorhandene Chaos ein Sammelbecken einzurichten und sei es in Form einer einfachen Holzkiste.

Projektroutinen im Zusammenhang mit dem Tagebuch:
- Identifikation von Tagebucheinheiten und Zuordnung von Dokumenten.
- Je Tagebucheinheit Inhaltsverzeichnis führen und die Dokumente indizieren.
- Regelmäßiges Update.

Aussagekraft/Nutzen:
- Einstieg für Dritte oder neue Projektmitarbeiter unproblematisch und
- relativ unaufwendig zu erstellen.

Anwendungsgrenzen/Nachteile
- Doppelte Buchführung: Große Redundanzen zur TOR-Dokumentation.
- Bei größeren Projekten sehr umfangreich.

Protokolle

Wozu?	alle Funktionen
Wann?	alle Phasen
Wobei?	alle Ebenen
Wodurch?	alle Faktoren

Kurzbeschreibung:
Die Zuordnung zu den Dimensionen des Helogramms deutet es an: Protokolle sind Universal-Instrumente des Projektmanagements – wenn sie verarbeitbar, empfängerorientiert und schnell (möglichst simultan) erstellt werden.

So banal das Instrument scheinen mag, gibt es doch Regeln, nach denen man gute Protokolle von schlechten unterscheiden kann und diese Qualifikation richtet sich nicht danach, ob es sich um ein Verlaufs- oder um ein Ergebnisprotokoll handelt. Angesichts der Vielzahl schlechter Protokolle und eingedenk der Erfahrung, daß es für die meisten Protokollanten eine lästige Pflicht ist, derer sie sich entweder oberflächlich entledigen oder die sie lange verschleppen, hier noch einmal in wenigen Schlagworten, worauf es ankommt.

Protokoll-Kategorien:
- Tagesordnungspunkt (TOP) bzw. -unterpunkt
- Ergebnis (A=Aufforderung, B=Beschluß, E=Empfehlung, F=Feststellung)
- Inhalt (Text)

- Commitment (Personen, Gruppen, Institutionen)
- Zieltermin
- Wiedervorlagetermin

Protokoll-Kopf:
- Titel, Motto, Thema der Besprechung
- Hauptziele der Besprechung
- Teilnehmer namentlich
- Ort
- Anfangs- und Endzeit (ggf. Pausen)

Aussagekraft/Nutzen:
- Schnell und einfach zu erstellen,
- gibt rasch Auskunft über die aktuellsten Entwicklungen und
- direkt umsetzbare Informationen.

Anwendungsgrenzen/Nachteile:
- Protokollanten-Stile differieren (Tiefe und Breite der Darstellung, Filter, gelegentlich auch das Schriftbild)

TOR-Dokumentation

Wozu?	alle Funktionen
Wann?	alle Phasen
Wobei?	alle Ebenen
Wodurch?	alle Faktoren

Kurzbeschreibung:
Die themenorientierte Projektdokumentation TOR entspricht in Aufbau und Handhabung weitgehend der Vorstellung des Arbeitens im Helogramm. Es ist – abgesehen von den Plakatwänden im Projektworkshop – die Projektionsfläche des Helogramms und nimmt alle Impulse aus dem Projektgeschehen auf.

Die innerer Gliederung der TOR-Dokumentation ist nicht als starre und trennende Struktur aufzufassen, sondern als Netz von Hilfslinien, die zugleich Grenzen und Übergänge zwischen den Aspekten vermitteln. TOR ist also durchaus wörtlich zu nehmen. Die unter einem bestimmten TOR abgelegten Informationen wandern im Lauf des Projekts u.U. weiter.

Formal ist die TOR-Dokumentation ein Ordner mit elf Registern (Toren), durch die die Informationen hindurchfließen.

TORE
0. Steuerung, Umsetzungsplanung
1. Berichterstattung, Ziele, Prozeßgestaltung, Status
2. Struktur, Arbeitsgrundlagen, Daten der Beteiligten
3. Themen und Teilprojekte: Überblick
4. Themen und Teilprojekte: Details
5. Beteiligtenanalyse: Personen und Gruppen
6. frei
7. frei
8. Unterstützende Konzepte, Tools, Standards
9. Controlling
10. Hintergrundinformationen

Aussagekraft/Nutzen:
- Lebendiger, flexiber Projektbegleiter;
- alle Informationen aus einer Hand;
- relativ kompakte Aufbereitung.

Anwendungsgrenzen/Nachteile:
- Zuordnung von Informationen zu TORen nicht immer eindeutig möglich.

Projektführungs- und Kommunikationsinstrumente

Themenzentrierte Interaktion

Wozu?	alle Funktionen und ihr Zusammenwiken
Wann?	alle Phasen
Wo?	alle Ebenen
Wodurch?	Kommunikation/Kooperation, Teamqualifikation

Kurzbeschreibung:
Die Themenzentrierte Interaktion (Abkürzung: TZI) ist ein Gruppen-Interaktionsmodell, das von Ruth Cohn entwickelt wurde. Abgeleitet ist die TZI aus der Psychoanalyse, der Gruppentherapie und der Humanistischen Psychologie. Sie stellt eine Verbindung her zwischen sachbezogenem Lernen, Kommunikation in der Gruppe und den Gefühlen der Teilnehmer einer Gruppe.

Das Gebäude der TZI besteht aus Axiomen – unbeweisbaren Grundannahmen über die menschliche Existenz –, Postulaten und Regeln. Eine zentrale Grundannahme lautet, daß der Mensch eine Einheit aus Denken, Fühlen und Handeln ist. Er ist sowohl von anderen Personen abhängig, als auch selbständig („Autonomie in Interdependenz"). Betrachtet werden bei der TZI die Person (= Ich), die Gruppe (= Wir) und das Thema (= Es). Dieses Dreieck ist eingebettet in die Umwelt (= Globe), in der sich die situativen, sozialen und historischen Gegebenheiten ausdrücken. Angestrebt ist ein dynamisches Gleichgewicht zwischen der Person, der Gruppe und dem Thema. Es soll ein positives Gruppenklima geschaffen werden.

Um das Ziel des positiven Gruppenklimas zu erreichen, gibt es Regeln, die bei der Kommunikation zu beachten sind:
- ■ Unterbrich das Gespräch, wenn Du nicht wirklich teilnehmen kannst, z.B. wenn Du ärgerlich oder gelangweilt bist. Störungen haben Vorrang.

- Versuche in der Sitzung das zu geben und zu empfangen, was Du selbst geben und empfangen möchtest.
- Sei Dein eigener Chairman! Bestimme, wann Du reden und wann Du schweigen willst, und bestimme selbst, was Du sagst.
- Es darf nie mehr als einer auf einmal reden.
- Sprich nicht per „man" oder „wir", sondern per „ich".
- Beobachte Signale aus Deiner Körpersprache und beachte Signale dieser Art bei den anderen Teilnehmern.

Aussagekraft/Nutzen:
- Verbesserung der Kommunikation in Gruppen;
- Aufgabenlösung steht im Vordergrund.

Anwendungsgrenzen/Nachteile:
- Voraussetzung ist ein Mindestmaß an Vertrauen zwischen den Gruppenmitgliedern;
- Ausuferndes Eingehen auf Störungen kann die Lösung der Sachprobleme in den Hintergrund drängen.

Literaturhinweise:
1. Cohn, R.C.; Von der Psychoanalyse zur themenzentrierten Interaktion, Stuttgart 1975

Transaktionsanalyse

Wozu?	Organisieren, Voranbringen, Zusammenwirken
Wann?	alle Phasen
Wo?	alle Ebenen
Wodurch?	Kommunikation/Kooperation, Führungsstil, Projektkultur

Kurzbeschreibung:
Die Grundlage der Transaktionsanalyse (TA) ist das Strukturmodell der Psychoanalyse (Ich, Es, Über-Ich) von Sigmund Freud. Betrachtet wird die Persönlichkeit des Menschen als Einheit von drei Bereichen: Eltern-Ich, Erwachsenen-Ich und Kind-Ich, aus denen jeweils typische Verhaltensweisen folgen.

Die TA soll zur Selbsterkenntnis, zum bewußten Verhalten und zur Autonomie führen. Angestrebt ist ein angemessenes und flexibles Reagieren in schwierigen Situationen und mehr Toleranz und besseres Verständnis der eigenen Person und den Gesprächsteilnehmern gegenüber.

Die TA geht davon aus, daß die Kommunikation zwischen verschiedenen Ich-Zuständen stattfindet. Zwischen den Gesprächspartnern kommt es zu einer Abfolge von Reiz und Reaktion, der Transaktion. Mit Hilfe von Pfeildiagrammen werden die Transaktionen darstell- und analysierbar.

Unterschieden werden parallele, gekreuzte und verdeckte Transaktionen. Verdeckte und gekreuzte Transaktionen sind häufig der Grund für Mißverständnisse und Konflikte. Eine Überkreuz-Transaktion ist gegeben, wenn ein bestimmter Ich-Zustand durch einen Reiz angesprochen wird, ein anderer Ich-Zustand jedoch reagiert.

Beispiel:
Jemand antwortet auf die sachliche Frage (Ansprache des Erwachsenen-Ich):
„Wie spät ist es?"
mit der Belehrung (Reaktion des Eltern-Ich) :
„Du solltest Deine Uhr immer tragen, damit Du die Zeit nicht aus dem Auge verlierst".

Spielanalyse:
Werden verdeckte Transaktionen aus taktischen Gründen eingesetzt, so spricht man von psychologischen Spielen. Typische Rollen in psychologischen Spielen sind Opfer, Täter oder Retter. Diese werden innerhalb der TA mit Hilfe der Spielanalyse untersucht. Und es werden Wege aufgezeigt, wie auf diese Spiele reagiert werden kann.

Aussagekraft/Nutzen:
■ Analyse von Beziehungsaspekten sozialer Interaktion.
■ Geeignet für den Umgang mit Mitarbeitern und Kollegen.
■ Dient der störungsfreien und offenen Kommunikation.

Anwendungsgrenzen/Nachteile:
- Einfaches Konzept, welches aber nicht ohne Vorbereitung anzuwenden ist und
- Gefahr des „Psychologisierens" zwischen den Projektteilnehmern, ohne fundierte psychologische Ausbildung.

Literaturhinweise:
1. Harris, Th. A., Ich bin o.k. - Du bist o.k. Eine Einführung in die Transaktionsanalyse, Reinbek 1979
2. Rüttinger, R., Transaktions-Analyse, Heidelberg 1982

Instrument: Konfrontationstreffen

Wozu?	Voranbringen, Organisieren, Zusammenwirken
Wann?	alle Phasen
Wo?	Politik und Macht, soziale Gestaltung
Wodurch?	Kommunikation/Kooperation, Motivaion, Führungsstil,

Kurzbeschreibung:
Das Konfrontationstreffen, von Beckhard entwickelt, ist eine Methode der Organisationsänderung, die mehrere Ziele gleichzeitig verfolgt:

- schnelle Diagnose der Situation,
- Herbeiführen der notwendigen Änderung,
- hohes Engagement bei der Problemidentifikation,
- hohes Engagement der Teilnehmer bei der Problemlösung,
- Delegation von Entscheidungen auf untere Ebenen und
- verbesserte Kommunikation zwischen unten und oben.

Ein solches Konfrontationstreffen weist darüber hinaus positive Nebeneffekte auf. Durch die Zusammenarbeit in der Gruppe werden informelle Kontakte gegründet, die die Arbeit zwischen den Abteilungen und in den Abteilungen erleichtert. Das Konfrontationstreffen läßt sich in sieben Phasen aufteilen:
1. Atmosphäre schaffen, Bereitschaft zur Mitarbeit bewirken
2. Informationen sammeln, Einstellungen, Gefühle offenlegen.

3. Informationen mitteilen. Alle Informationen allen zur Verfügung stellen.
4. Prioritäten setzen und Gruppenaktionen planen. Sitzungen der Arbeitseinheiten abhalten, um Dringlichkeitsmaßnahmen zu beschließen und Zeitpläne festzulegen.
5. Organisationsmaßnahmen planen. Die Spitzenführung auf die Bearbeitung dieser Prioritäten festlegen.
6. Unmittelbare Fortsetzung durch den Ausschuß der Organisationsspitze. Erste Maßnahmen und Aufgaben planen.
7. Erfolgskontrolle.

Aussagekraft/Nutzen:
- Möglichkeit Konflikte durch Kommunikation abzubauen;
- Konfliktbehandlng, -regulierung und -vorbeugung;
- Identifikation der Kontrahenden mit den reglungsmaßnahmen und darüber wieder mit dem gemeinsamen Projekt.

Anwendungsgrenzen/Nachteile:
- Situation des Konfrontationstreffens muß hergestellt werden können.
- Einstellung zur Konfliktbehandlung muß bei allen Beteiligten gegeben sein.

Literaturhinweise:
1. Beckhard, R., Konfrontationssitzung, in Bennis, W.G./Benne, K.D./Chin, R. (Hrsg.), Änderung des Sozialverhaltens, Stuttgart 1975
2. Naase , C., Konflikt in der Organisation, Stuttgart 1978

Literatur

Albrecht, A.J., AD/M-Productivity-Measurement and Estimation Validation, Purchase 1984.

Ani, A.a., Praxis der Projektplanung mit der Netzplantechnik, Köln-Marienburg 1971.

Atteslander, P., Methoden der empirischen Sozialforschung, 4. Auflage, Berlin-New York 1975.

Balck, H., Neuorientierung im Projektmanagement, in: Zeitschrift Führung und Organisation 57(1988), S. 324-330.

Balck, H., Projektmanagement im Wandel – Wandel im Projektmanagement, in Zeitschrift Führung und Organisation 58(1989), S. 396-404.

Balck, H., Synergetik in der Organisationsentwicklung – Krisen als Quellpunkte für fundamentalen Wandel, unveröffentlichtes Manuskript, Mannheim 1993.

Balck, H., (Hrsg.), Neuorientierung im Projektmanagement, Köln 1989.

Beckhard, R., Konfrontationssitzung, in: Bennis, W.G./Benne, K.D./Chin, R. (Hrsg.), Änderung des Sozialverhaltens, Stuttgart 1975.

Bendixen, P./Kammler, H.W., Planung, Organisation und Methodik innovativer Entwicklungsprozesse, Berlin-New York 1977.

Beriger, P., Quality Circles und Kreativität, Bern-Stuttgart 1986.

Blazek A., Projekt-Controlling, Starnberg 1991.

Böhrs, H., Arbeitsstudien in der Betriebswirtschaft, Wiesbaden 1967.

Bolz, N., Die Welt als Chaos und als Simulation, München 1992.

Böning, U. (unter Mitarbeit von Oefner-Py, S.), Moderieren mit System, Wiesbaden 1991.

Böning, U., Exzellent führen, Freiburg 1989.

Böning, U./Fritschle, B./Oefner-Py, S., Wie Sie Prozesse zielorientiert steuern, in: GABLERS MAGAZIN 6 (1992), 11-12.

Boston Consulting Group, Präsentationsunterlagen „Beliefs Audit", Düsseldorf 1989.

Brandstätter, G./Synek, H., Fehler im Projektmanagement, in: Zeitschrift Führung und Organisation 57(1988), S.394-404.

Brooks, F.P, The Mythical Man-Month, Reading 1975.

Bundschuh, M./Peetz, W./Siska, R., Aufwandsschätzung von DV-Projekten mit der Function-Point-Methode, Köln 1991.

Cohn, R., Von der Psychoanalyse zur themenzentrierten Interaktion, Stuttgart 1975.

Daenzer, W.F., Systems Engineering, 6. Auflage, Zürich 1988.

Faustmann, H.G.H., Strategisches Projektmanagement, Trainingsunterlagen der Gesellschaft für moderne Organisationsverfahren, Hamburg o.J..

Fendrich, J.C., Projektmanagement, unveröffentlichtes Manuskript, Frankfurt 1991.

Fischer, G., Einmal im Kreis und zurück, in: Manager Magazin (1989), S. 5.

Frame, J., Managing Projects in Organizations, San Francisco 1987.

Freimuth, J., Die personalpolitische Absicherung von Projektmanagement, in: Zeitschrift Führung und Organisation 61 (1992), S.220-225.

Frese, E., Einführung in das Projektmanagement, München 1980.

Fuchs, H.J., Gefährlicher Zeitpoker, in: HighTech (1990), S. 4.

Literatur

Gesellschaft für Projektmangement/Rationalisierungskuratorium der Deutschen Wirtschaft (Hrsg.) Projektmanagement-Fachmann (2 Bde.), Eschborn 1991.

Gesellschaft für Technische Zusammenarbeit, Zielorientiertes Planen von Projekten und Programmen der technischen Zusammenarbeit (ZOPP), Leitfaden, Eschborn 1989.

Haberfellner, R., Projektmanagement, in: Frese, E. (Hrsg.) Handwörterbuch der Organisation, Stuttgart 1991.

Haken, H., Erfolgsgeheimnisse der Natur-Synergetik. Die Lehre vom Zusammenwirken, Stuttgart 1981.

Haken, H./Haken-Krell, M., Erfolgsgeheimnisse der Wahrnehmung – Synergetik als Schlüssel zum Gehirn, Stuttgart 1992.

Haller-Wedel, E., Das Multimoment-Verfahren in Theorie und Praxis, 2. Auflage, München 1969.

Hansel, J./Lomnitz, J.G., Projektleiter-Praxis – Erfolgreiche Projektabwicklung durch verbesserte Kommunikation und Kooperation, Berlin usw. 1987.

Harris, T.A., Ich bin o.k. - Du bist o.k., Reinbek 1979.

Hauser, E., Psychologische Projekt-Barrieren: Ein Praxisreport über die Bedeutung der Unternehmenskultur beim Gestalten neuer Arbeitsstrukturen, in: IO Management Zeitschrift (1985), S.329-335.

Heintel, P./Krainz, E.E., Projektmanagement – Eine Antwort auf die Hierarchiekrise?, Wiesbaden 1988.

Helmer, O.N./Rescher, N., On the Epistemology of the Inexact Sciences, in: Management Science 6(1959), S. 25-52.

Hill, W./Fehlbaum, R./Ulrich, P., Organisationslehre I, Bern 1974.

Hirzel, M. Zur Einführung des Projektmanagements, in: Zeitschrift Führung und Organisation 58(1989), S.388-391.

Hirzel, M., Miteinander stark: Linien- und Projektmanagement als Partner, in: Zeitschrift Führung und Organisation 57(1988)

Hirzel, M./Mattes, F., Den richtigen Weg erkennen, in: GABLERS MAGAZIN 6 (1992), S. 3

Höhne, J., Projektstrukturpläne, in: Projektmanagement-Fachmann, Eschborn 1991, S. 150-217.

Hujer, R./Cremer, R., Methoden der empirischen Wirtschaftsforschung, München 1978.

Keplinger, W., Erfolgsmerkmale im Projektmanagement, in: Zeitschrift Führung und Organisation 61(1992), S.99-105.

Keplinger, W., Merkmale erfolgreichen Projektmanagements, Graz 1991.

Klebert, K./Schrader, E./Straub, W.G., KurzModeration, Hamburg 1985.

Klebert, K./Schrader, E./Straub, W.G., ModerationsMethode, Hamburg 1984.

Kobi/Wüthrich, Unternehmenskultur erfassen, verstehen und gestalten, Landsberg 1988.

Kolks, U., Konfigurationsmanagement, in: Zeitschrift Führung und Organisation 56(1987), S. 249-254.

Krüger, W. (Hrsg.), Projektmanagement in der Krise, Frankfurt 1986.

Krüger, W., Problemangepaßtes Management von Projekten, in: Zeitschrift Führung und Organisation 56(1987), S.207-216.

Kummer, W.A./Spühler, R.W./Wyssen, R., Projekt-Management-Leitfaden zu Methode und Teamführung in der Praxis, Zürich 1986.

Lauterburg, C., Vor dem Ende der Hierarchie, Düsseldorf 1978.

Likert, R., New Patterns of Management, New York 1961.

Maddaus, B.J., Handbuch Projektmanagement, 3. Auflage, Stuttgart 1990.

Mahmoudzadeh, K., Wichtige Methoden und Verfahren im Projektmanagement, in: Projektmanagement-Fachmann, Eschborn 1991.

Malik, F., Strategie des Managements komplexer Systeme, Bern 1986.

Malik, F., Systemisch-evolutionäres Management, in: Balck, H. (Hrsg.), Neuorientierung im Projektmanagement, Köln 1989.

Mayntz, R., Die soziale Organisation des Industriebetriebs, Stuttgart 1958.

Meffert, H., Marketing, Wiesbaden 1978.

Meredith, J./Mantel, S., Project Management – A Managerial Approach, New York 1985.

Meredith, J./Mantel, S., Project Management – A Managerial Approach, New York 1985

Might, R.J./Fisher, W.A., The Role of Structural Factors in Determining Project Management Success, in: IEEE Transactions on Engineering Management (1985), H.5, S.71-92.

Mühlfelder, P./Nippa, M., Erfolgsfaktoren des Projektmanagements, in: Zeitschrift Führung und Organisation 58(1989), S.368-380.

Naase, C., Konflikt in der Organisation, Stuttgart 1975.

Neuberger, O./Kompa, A., Wir, die Firma, Weinheim-Basel 1988.

Noack, K., Entwicklung eines Expertensystems für das taktische Logistik-Controlling bei der NORTRANS Speditionsgesellschaft mbH, Diplomarbeit, Hamburg 1993.

Oess, A., Total Quality Management, Wiesbaden 1993.

Oyen,V./Schlegel, H.B., Projektmanagement heute, Speyer 1986.

Peters, T., Kreatives Chaos, Hamburg 1988.

Peters, T., Jenseits der Hierarchien, Liberation Management, Düsseldorf 1992.

Peters, T./Waterman, R.H., Auf der Suche nach Spitzenleistungen, Landsberg 1986.

Pfeifer, B., Konflikt und Streß im Projekt, Eine organisationspsychologische und pädagogische Fallstudie über Projektmanagement, Dissertation, münchen 1989.

Plasket, R.L., Project Management – New Technology enhances old Concepts, in: Journal of systems Management (1986).

Platz, J., Projektmanagement erfolgreich einführen, in: Zeitschrift Führung und Organisation 56(1987), S.217-226.

Platz, J./Schmelzer, H., Projektmanagement in der industriellen Forschung und Entwicklung, Berlin-Heidelberg-New York 1986.

Probst, G.J.B., Selbstorganisation, Berlin-Hamburg 1987.

Pümpin, C., Unternehmenskultur, Unternehmensstrategie und Unternehmenserfolg, in: GDI-Impuls (1984), S.2.

Reschke, H. et al. (Hrsg.), Handbuch Projektmanagement (2 Bde.), Köln 1989.

Reschke, H./Svoboda, M., Projektmanagement – Konzeptionelle Grundlagen, München 1983.

Rüttinger, R., Transaktionsanalyse, Heidelberg 1982.

Saynisch, M., Konfigurationsmanagement, Köln 1984.

Scholz, C., Der Beitrag der Organisationskultur zum Projektmanagement, in: Zeitschrift Führung und Organisation 60(1991), S.143-150

Scholz, C., Management der Unternehmenskultur, in: Harvard Manager (1988), H.I, S.81-91.

Scholz, C./Hofbauer, W., Organisationskultur – Die vier Erfolgsprinzipien, Wiesbaden 1990.

Schröder, H.J., Projektmangement, Wiesbaden 1984

Schulz von Thun, F., Miteinander reden, Störungen und Klärungen, Reinbek 1981.

Schulz von Thun, F., Miteinander reden II, Reinbek 1989.

Schwarz, G., Kulturelle Einflußgrößen des Projektmanagements, in: Zeitschrift Führung und Organisation 56(1987), S. 241-248

Schwarz, H., Betriebsorganisation als Führungsaufgabe, Landsberg 1983.

Seibt, H., Projektmanagement-Praxis, Frankfurt 1989.

Siemens AG (Hrsg.), Organisationsplanung – Planung durch Kooperation, Berlin-München 1974.

Sokolovsky, Z., Projektcontrolling, in: Zeitschrift Führung und Organisation 56(1987), S.261-268

Stähle, W., Management, 3. Auflage, München 1983

Stollberg, D., Lernen weil es Freude macht.

Ulrich, H., Management, Bern 1984.

Ulrich, H./Probst, G.J.B. (Hrsg.), Self Organization and Management of Social Systems, Berlin-Heidelberg-New York-Torono 1984.

Ulrich, H./Probst, G.J.B., Anleitung zum ganzheitlichen Denken und Handeln, Stuttgart 1988.

Volpp, U., Personelle Auswirkungen der Einführung eines Projektmanagments – das Problem der Kollision von temporärer und dauerhafter Organisationsform, Dissertation, Mainz 1989.

Watzlawick, P./Beavin, J,H./Jackson, D.D., Menschliche Kommunikation, 3. Auflage, Bern-Stuttgart-Wien 1972.

Wechsler, W., Delphi-Methode, Gestaltung und Potential für betriebliche Planungsprozesse.

Wild, J., Grundlagen der Unternehmensplanung, 4. Auflage, Opladen 1982.

Woodworth, W./Nelson, R., Witch doctors, messianics, sorcers and OD consultants: Parallels and Paradigms, in: Organizational dynamics (1979), S.16-33.

Zangemeister, C., Nutzwertanalyse in der Systemtechnik, 4. Auflage, München 1976.

Zapf, W., Lebensbedingungen in der Bundesrepublik, Frankfurt-New York 1977.

Zur, E., Führungsaufgaben bei High-tech-Projekten, in: Zeitschrift Führung und Organisation 58(1989), S.381-387.

Zimmermann, W., Projektorganisation, Frankfurt 1984.

Autoren

Jan Mees:
Dipl.-Wirtsch.-Ing., ist geschäftsführender Gesellschafter der TOKOM Marketing GmbH, Reinbek. Schwerpunkte seiner Arbeit sind: Unternehmensführung, Organisationsentwicklung, Qualitätsmanagement, Projektorganisation.

Stefan Oefner-Py:
Dipl.-Wirtsch.-Ing., ist geschäftsführender Gesellschafter der TOKOM Marketing GmbH, Reinbek. Seine Arbeitsschwerpunkte sind: Organisation, Projektmanagement, Unternehmensführung.

Karl-Otto Sünnemann:
Dipl.-Volksw., ist der Gründer von TOKOM, Reinbek. Seine Hauptarbeitsgebiete sind: Integration von Zusammenwirken, (Hoch-)produktive Moderation.

Stichwortverzeichnis

Damit Sie dieses Buch immer wieder als Fundgrube benutzen können, haben wir dieses umfangreiche Stichwortverzeichnis angelegt. Sie können sich gezielt oder assoziativ an den Stichworten orientieren, um Stellen Ihres Interesses wieder aufzufinden. Für alle, die gerne in Büchern herumstöbern oder sich einfach nur einen Eindruck verschaffen wollen, und besonders für alle, die Bücher nicht gerne linear vom ersten bis zum letzten Wort lesen: Dieses Stichwortverzeichnis kann Ihnen auch als „Findewortverzeichnis" oder als „Sinn-Finde-Verzeichnis" dienen. Wir gehen ja davon aus, daß produktive und kreative Prozesse keineswegs linear verlaufen. Folgerichtig bieten wir Ihnen mit diesem Verzeichnis die Möglichkeit, sich kreativ, lust- und interessen-orientiert, chaotisch, nichtlinear durch den Text unseres Buches zu bewegen, zu wandern, zu springen, zu ruhen und dabei doch einen sinn-orientierten roten Faden zu haben. Lassen sie Ihre Sinne anregen von unserer Sinn-Sammlung.

A
Abhängigkeiten 193
Abkopplungswahn 36, 39
Abläufe 60, 125
Ablauforganisation 78-81, 100
Ableitungsbeziehungen 121
Administrative
  Aufgaben 30
  Kompetenz 89
Aktion 71-72, 104, 193
Aktionismus 80
Akzeptieren 95

Alternativen 182, 183
Alternativensuche 175-182
Analogien 87
Analyse,
  Beteiligten- 156-158
  Kommunikationsstruktur- 202
  Kosten-Nutzen- 182-183
  Kultur- 160-161
  Nutzwert- 183-184
  Portfolio- 187-188
  Potential- 86
  Problem- 155-156

Stichworte

Selbst- 114
Situations- 150-170
Spiel- 202
Transaktions- 93, 201
Umfeld 80
Analysis of Failure Modes
and Effects 185-159
Analytiker 147
Anekdoten 101
Angst 41, 45, 84
Animation Serendibity 57
Annahmen 98
Anreizsystem 84-85
Ansatzpunkte 52, 135
Anwendungsebene 110
Appell 93
Arbeits-
fähigkeit 74
organisation, persönliche 62
pakete 189
teilung 50, 91
Assoziationen 56, 138, 139, 175
Atmosphäre 55
Aufbauorganisation 76-78, 100
Aufgaben 48, 60, 81, 97, 99, 140, 194
administrative 30
Durchführungs- 50
Linien- 78
Management- 50
-hierarchie 189
-ziele 100
Aufstiegsmöglichkeiten 84
Auftraggeber 117-118, 144
Aufwand 115, 117
-schätzung 165

Aus- und Weiterbildung 29, 111
Ausdauer 95
Auseinandersetzung 102
Autorität 135

B
Balken-Diagramm 190
Basisfunktionen 46, 48-69, 77, 127
Beeinflussung 64
Befragung 154
Begriffe 87
Belastung 85
Beliefs Audit 161-162
Beobachtung 151, 154
Bereitschaft 107, 109
Verantwortungs- 30
Bereitstellung 82
Berichterstattung 199
Beteiligte 199
Beteiligtenanalyse 156-158
Betriebssystem 52
Bewertung 182-185
Bewußtsein 44, 45, 47, 60, 116, 118, 127
Verantwortungs- 32
Bewußtseins
-entwicklung 37
-wandel 48
Beziehungsebene 92, 97
-matrix 157
-rang 93
-tabelle 157
Bezugsrahmen 73
Bild 60, 107, 138
virtuelles 128
Bindung 73
emotionale 100

Blockaden 86, 96, 146
Botschaft 92
Brainstorming 175-176
Brainwriting 177
Budget 51, 83

C

Cerebrales Lernen 139
Chairman 94, 201
Chancen 32, 41, 45
Chaos 41, 44, 71, 73, 74,
  91, 97, 100, 104, 113,
  116, 125, 129, 130, 136
  Ideen- 74
  Informations- 60, 74
  Problem- 47
  Störungs- 74
Checkpunkte 70, 72, 90
Chronologie 196
Chronologischer Zugriff 104
Commitment 81, 90, 140
Controlling 117, 196-199
  Personalentwicklungs- 29
Cost Recovery 83

D

DALLAS 181
Darstellung 128-129
Daten-
  bank 110
  basis 58
  erhebung 150
  fernübertragung 106
Delphi-Technik 163-164
Denken 32, 130
Denkstile 113
Denkweisen 134
Details 128, 143
Determinismus 44, 125, 130

Dezentrale Entscheidungen
  31, 32
Dezentrale Strukturen 25
Dezentralisierung 96
Dimensionen des Projekt-
  managements 43, 125,
  126, 127, 149
Disziplin 94, 103
Diversifikation 27-28
Divisionalisierung 28
Dokumentation 54, 95, 104
  118, 138, 196, 198-199
  simultane 53
Dokumentator 55
Dramaturgie 133-148
Durcheinander 41
Durchführungsaufgaben 50
Dynamik 18, 35, 69

E

Ebene 127
  Anwendungs- 110
  Beziehungs- 92, 97
  Handlungs- 46, 102-119
  Informations- 110
  Sach- 92
Einfluß-Projektmanagement
  77
Einheit 127
Einmaligkeit 20
Einstellungen 33, 98, 157
  Grund- 98
Einstellungsmuster 36, 37,
  96
Einstieg,
  strukturierter 140
Einzel-
  kämpfer 96
  ziele 121

Emanzipation 31
Emotionale Bindungen 100
Emotionale Nähe 92
Engpässe 193
Engpaßfaktoren 30
Entdecken 73-74
Entfaltung 56
Entscheidungen 25, 45, 96
  dezentrale 31, 32
Entscheidungs-
  baum 186-187
  hilfen 185-188
  matrix 185-186
Entwickeln 73-74, 103
Entwicklungs-
  zeiten 25
  zyklen 145
Erfahren 73
Erfahrungen 56
Erfolgsfaktoren 46, 76-101, 127
Ergebnisverantwortung 21
Erkenntnis 103
Erkunden 73-74
Erreichen 73-74
Erschließen 73-74
Erwartungen 35
Etablierte Organisation 84
Evolution 124
Evolutionäres Denken 130
Experiment 107
Experten 163
Externe Unterstützung 148

F

Fachexperten 60, 62
Fachliche Kompetenz 89
Fachqualifikationen 85-87, 100
Fachwissen 108, 110
Failure Mode
  and Effects Analysis
  FMEA 158-159
Faktoren,
  Erfolgs- 46, 127
  harte 76-87, 100
  weiche 86-100
Fazit 114
Feedback 25, 37, 55, 70, 114, 130
Fehler 112, 113
Fehlsteuerung 129
Finanzielle Ressourcen 82-83, 100
Fischgräten-Diagramm 152
Flexibilität 30, 32, 43, 76
Fonds 84
Frage-Antwort-Dialog 142
Fragebögen 162, 163
Fragen 94
Fremd-
  beobachtung 151
  kontrolle 25
  steuerung 124
Friedfertiges
  Miteinander 69
Frustration 36, 84
Führung 30, 63, 64, 89, 135, 200-204
Führungs-
  konzept 21
  kraft 45
  legitimation 65, 66, 89
  losigkeit 89
  qualifikation 88
  stil 88, 89, 100
Function-Point-Methode 165-166

Funktionen 46, 48-69, 77, 127
-diagramm 194-195

G
Gantt-Diagramm 189-190
Ganzheit 22, 24, 30, 43, 122, 128, 143
Ganzheitliches Management 130-131
Geduld 80
Generalisierungen 94
Generalisten 60
-qualifikation 29, 30
Generieren 51, 52-56, 68
Geschäftseinheiten 187
Geschichte 196
Geschichten 101
Geschwindigkeit 53
Geschwindigkeitsmanagement 24
Gestaltung,
Prozeß- 199
soziale 103, 112-114
technische 103, 111-112
Gewalt 64
Gliederung 129
Großartigkeitswahn 36, 38
Grundannahmen 98
einstellung 92
Gruppen 53, 154, 157, 181, 199, 200
-dynamik 113

H
Halbwertszeit des Wissens 26, 31
Halt 53, 76, 89, 129
Handeln 29
Handlungsebenen 46, 102-119
fähigkeit 127
kriterien 103
wissen 108, 110
Harte Faktoren 76-87, 100
Helogramm 43, 126, 28, 133, 134, 135, 136-137, 139, 140, 144, 146, 149, 198
Herausforderungen 31
Hierarchie 63, 77, 99, 117-118, 135
Aufgaben- 189
Problem- 155
Ziel- 157
-abbau 96
-freiheit 77
Hilflosigkeitswahn 36, 38
Hologramm 47, 67, 104, 123, 126, 127, 128

I
Ich-Form 94
Ideen 52, 56, 71-72, 175
-chaos 74
-findung 52, 53, 54
Indeterminierte Phasenübergänge 71
Information Retrieval 57
Informationen 45, 47, 54, 55, 56, 58, 94, 95
Informationsablage 104
börse 143
chaos 60, 74
ebene 110
systeme 81

verarbeitung 102-106, 138
Informelle Organisation 153
Innovation 21, 24, 25, 26, 145
Instrumente 149-204
Integration 32, 131, 189
Interaktion 99, 200
themenzentrierte 93, 200-201
Interaktiver Prozeß 136
Interdisziplinarität 85, 88, 106, 111
Interessen 135, 157
Internationalisierung 27, 31
Interpretationen 94
Investitionen 23, 83
Ishikawa-Diagramm 152-153

K
Kapitalkraft 24
Kapazität 116
Kernproblem 155
Key Account 28
Kick-off 17, 146
-Meeting 17
Klima 112, 113, 200
Kommunikation 91-95, 100, 109, 110, 130, 154, 200-204
nonverbale 101
themenorientierte 91
Kommunikations-
analyse 202
fähigkeit 95, 96
phasen 95
regeln 97
stile 93

Kompetenz 76, 118
technische 89
administrative 89
fachliche 89
soziale 30, 89
-verteilung 32
Komplexität 22, 23, 44, 45, 46, 53, 61, 86, 130, 133, 139
Konflikte 53, 86, 96, 97, 99, 101, 113, 202
Konfliktfähigkeit 95
Konfrontationstreffen 203-204
Konsens 81
Konservative Kultur 99
Kontrakt 73, 118
Kontrolle 56, 151
Kontrollwahn 36, 40
Konventionen 87, 122
Kooperation 82, 91-95, 100
Kooperationsfähigkeit 95
Kosten-Nutzen-Analyse 182-183
Kostendruck 26, 28
Kreativität 56
Kreativitätstechnik 53, 178
Krise 23, 44, 45
Kritikfähigkeit 95
Kritischer Pfad 191
Kultur,
-analyse 160-161
konservative 99
Lern- 109
progressive 99
Projekt- 98-101
Unternehmens- 101
Kunden 30

L

Legitimation der Führung 65, 66, 89
Leistungs-
 beurteilung 97
 motivation 38-40, 99
Leitfiguren 98
Lernen 59, 103, 106-111
 cerbrales 139
 wissensbasiertes
 lebendiges 109-111
Lernen-1 107, 108
Lernen-2 107-108
Lernende Organisation 111
 Systeme 43
Lern-
 feld 29
 helfer 110
 konzept 109-111
 kultur 109
 prozesse 28, 67, 109, 130
 raum 109
 ziele 109
Linienaufgaben 78
 -organisation 77
Lohn- und Gehalt 29
Lösungen 73, 99, 131

M

Machbarkeit 103
Macht 64, 103, 117-119, 135
 -konflikte 32
Man-Form 94
Management 24, 31
 ganzheitliches 130-131
 -aufgaben 50
 -verständnis 43
Marktfragmentierung 27-28
Materielle Ressourcen 81-82, 100
Matrix-Projektmanagement 78
Mechanistischer Ansatz 130
Meeting 90, 95, 140-143
Meilensteine 50, 51, 118, 193
Merkmale eines Projektes 20
Methode "6-3-5" 177-178
Methoden 33, 130
 -wissen 108, 110
Mißtrauenskultur 25
Mißverständnisse 202
Miteinander, friedfertiges 69
Mittel 46, 123, 127
Moderation 53, 54, 64, 89, 94, 134, 141
Moderatoren 55, 96, 135, 176
Möglichkeiten 73
Möglichkeitsräume 71
Monitorgruppe 164
Morphologischer Kasten 179-180
Motivation 38-40, 89, 97-98, 99, 100
Motive 157
Multimomentaufnahme 150-152
Mut 84
Mutmaßungen 80

N

Netzplantechnik 191-192
Netzwerk 52, 130, 135
Nonverbale Kommunikation 101

Normen 98, 154, 160
Ziel- 121
Nutzen 103, 115, 143-146
Nutzwertanalyse 183-184

O

Offenheit 82, 87, 113, 130
Öffentlichkeitsarbeit 119
Ökonomie 115-117
Ordner 129
Ordnung 73, 103
 politische 103
 wirtschaftliche 103
Organigramm 61
Organisation 33
 Ablauf- 78-81, 100
 Aufbau- 76-78, 100
Organisation,
 etablierte 84
 informelle 153
 lernende 111
 Wissens- 110
 Linien- 77
 entwicklung 37, 203
Organisieren 51, 60-62, 68
Organismus 52, 76
Orientierung 47, 89, 129
Orientierungen 160
Orientierungswissen 108, 110

P

Paradigmenwechsel 124
Pareto-Optimalität 68
Partizipation 63, 99, 124
Pathologie 100
Pathologische Projektdynamik 37-40
Pathologische Projektsitutation 35
Personalentwicklung 28-29
Personalentwicklungs-Controlling 29
Personalpolitik 84
Personelle Ressourcen 83-85, 100
Persönliche Arbeitsorganisation 62
Persönlichkeit 108, 110
Phasen 46, 69-75, 116, 127, 139, 146
Kommunikations- 95
 -konzepte 130
 -modelle 70
 -übergänge 71
Philosophie 124-126, 127
Plan 19, 71-72, 79, 116, 188-189
Planung 48, 56, 67, 123, 188-195
Umsetzungs- 140-141, 192, 199
Planungseinheiten 189
 -instrumente 130
Produktivitätsmessung 165
Politik 117-119
Politische Ordnung 103
Portfolioanalyse 187-188
Positionierung 187
Potentialanalyse 86, 122
Praxis 139
Prioritäten 193
Proaktives Verhalten 25
Problem 19, 47, 71-72, 73
 Kern- 155
 -analyse 155-156
 -chaos 74

-definition 122
-felder 34
-hierarchie 155
-kreise 32-41
-lösung 29
-lösungsmaschinen 43
-lösungsmodelle 181-182
-lösungsmöglichkeiten 45
-orientierung 122
Produkte 20, 23
Produktgesellschaften 28
Produktion 23
Produktivität 24, 28-29
Produktzyklen 25, 145
Profit Center 28
Prognoseinstrumente 163-170
Programme 19
Progressive Kultur 99
Projekt 18-22
-beteiligte 199
-controlling 117, 196-199
-dokumentation 104
-dynamik, pathologische 37-40
-ebenen 127
-erfolg 100
-führung 200-204
-funktionen 46, 48-69, 77, 127
Projektionsflächen 136
Projektkultur 98-101
Projekt
-laufbahnkonzepte 84
-leiter 36, 44, 96, 135, 144
-management 21, 24, 31
Einfluß- 77
Matrix- 78

Projektmerkmale 20
-ökonomie 115-117
-phasen 46, 69-75, 116, 127
-philosophie 127
-planung 48, 67, 188-195
-planung, zielorientierte 123, 155
-praxis 22, 126-130, 134
-realität 33
-review 118
-situationen, pathologische 35
-status 90, 199
-strukturplan 188-189
-team 36, 46, 62, 100, 106, 118, 136-137
-ziel 67
Protokoll 54, 141, 175, 197-198
Prozeß 20, 101, 125
interaktiver 136
vielgestaltiger 134
-begleitung 147
-gestaltung 199
-ziele 100
Prüfschritt 73
PULEUC 182

Q
Qualifikation,
Generalisten- 29, 30
Spezialisten- 29
Fach- 100
Qualifizierung 84
Qualität 24, 32, 116, 118, 135
Qualitätssicherung 158
-sprung 128

Quality, Total 120
Quellenwissen 108, 110
Querdenker 60

R
Rahmenbedingungen 62
Rang, Beziehungs- 93
Reaktives Verhalten 25
Rechtfertigungsbeziehungen 121
Reflexion 138
Regeln 51, 65-67, 68, 93, 147
Regression 167
Reines Projektmanagment 77
Ressourcen 21, 118
finanzielle 82-83, 100
materielle 81-82, 100
personelle 83-85, 100
Review 118
Revolution 24
Risiken 21, 32, 41, 158
Risikotabelle 159
Rollen 65, 90, 97
Routinen 18, 60, 124, 118, 196
Rückmeldung s. Feedback

S
Sachebene 92
Sanktionsmöglichkeiten 90
Scenario Writing 169-170
Scheitern 36
Schlüsselpersonen 119
Schnelligkeit 30
Schnittstellen 24, 106
Segmentierung 31
Seitengespräche 94

Selbstanalyse 114
Selbstausdruck 92
Selbsterkenntnis 202
Selbstkontrolle 25, 66, 89
Selbstnotierung 151
Selbstorganisation 23, 61, 80, 96, 100, 103, 130
Selbstorganisationsfähigkeit 95
Selbststeuerung 124
Selbstverständnis 89
Selbstwertgefühl 38-40
Selektive Wahrnehmung 36, 37, 45
Sicherheit 138
Signale 94, 201
Simulation 107
Simultane Dokumentation 53, 138
Simultaneous Engineering 26, 111
Sinn 29, 50, 91
Situationsanalyse 150-170
Sitzungsvorbereitung 94
Soziale Gestaltung 103, 112-114
Soziale Kompetenz 30, 89
Sozialer Status 154
Sozio-technische Systeme 43
Soziogramm 154
Soziomatrix 154
Soziometrie 153-154
Soziometrische Koeffizienten 54
Spannungen 18, 53
Spannungsfeld 30
Spektralzerlegung 168-169
Spekulationen 80

Spezialisten 60
-qualifikation 29
Spezialsierung 86
Spielanalyse 202
Spiel
-raum 27, 30, 51, 83, 89, 135
-regeln 61, 78, 93, 98, 114
Stabilität 76, 98
Standards 106, 139, 199
Statistik 58, 150, 162, 167, 169
Status 199
sozialer 154
-bericht 140
Stellen 24, 30, 194
Steuerung 196, 199
Fehl- 129
Fremd- 124
Selbst- 124
Stimmung 17
Störungen 94, 97, 113, 159
Störungschaos 74
Strategische Ziele 120
Streß 29, 84
Strukturen 25, 61, 76, 128, 199
Strukturanalyse der Kommunikation 202
Strukturieren 51, 56-60, 68
Strukturierter Einstieg 140
Strukturplan 188-189
Strukturwandel 27
Suchprozesse 57, 89
Symbole 98
Symbolische Handlungen 101
Synektik 178-179

Synergie 32, 67, 68, 127, 181
Systeme 80, 130
Systeme, lernende 43
Systeme, sozio-technische 43
Systemisches Denken 130
Systemtheorie 46
Systemzustände 71
Szenerie 136-139

T
Tagebuch 196-197
Tagesordnung 94
Tannenbaum-Diagramm 152
Team 62, 88, 100, 118, 36, 136-137
Teamarbeit 135
Teamentwicklung 113
Teamfähigkeit 89, 95-97, 100
Teamfähigkeit 95-97
Teamgedanke 130
Teamgeist 99
Teams 30
Teamverhalten
Technische Gestaltung 103 111-112
Technische Kompetenz 89
Teilprojekt 48
Termindruck 135
Termine 36, 94, 116
Test 107
Thema 46, 58, 92, 127, 140, 193, 199
Themenorientierte Dokumentation 104

Stichworte

Kommunikation (TOKOM) 91
Themensystem 119-123
Themenzentrierte Interaktion 93, 200-201
Theorie 130
Toleranz 87
TOR-Dokumentation 104, 198-199
Total Quality 120
Tradierung 98
Tradition 99
Tragfähigkeit 103
Transaktion 92
Transaktionsanalyse 93, 201
Transparenz 81, 83, 112, 114
Trendextrapolation 166-167

U
Überlastung 32, 45, 84
Überschaubarkeit 26
Überzeugungen 161
Umfeld 73
Umfeldanalyse 80
Umsetzungsplanung 140-141, 192, 199
Umwelt 46, 81
-folgen 23
-wissen 108, 110
Unbestimmtheit 130
Ungewißheit 23
Unsicherheit 45, 95
Unternehmenskultur 101
Unwägbarkeiten 158, 159
Ursache-Wirkungs-Diagramm 152

V
Verantwortung 21, 96, 97, 109
Verantwortungsbereitschaft 30
-bewußtsein 32
Verfestigung 99
Verfolgungswahn 36, 39, 40
Verhalten 33, 36, 98, 202
proaktives 25
reaktives 25
Verhaltensmuster 96, 157
-weisen 131
Verknüpfungen 138, 139
Vernetzung 31, 32, 96, 106
Vernunftlogiken 86
Verpflichtung 74, 118
Versuch und Irrtum 107
Verteiler 104
Vertiefungswissen 108, 110
Vertrauen 113, 134
Vertrauenskultur 25
Verwaltung 82, 125
Verwirrung 17, 23, 48, 80, 89, 128, 129
Vielfalt 30, 43, 127, 128
Vielgestaltige Prozesse 134
Vielschichtigkeit 47, 48, 53
Virtuelles Bild 128
Vision 73
Visionär 147
Voranbringen 51, 63-65, 68
Vorleben 101
Vorschläge 95
Vorstellungskraft 138

W
Wahrnehmung, selektive 36, 37, 45

Wahrnehmungsfilter 36, 37
Wandel 31, 99, 117
 Bewußtseins- 48
 Orte 30
 Struktur- 27
 Vehikel 30
 Werte- 29-30
Wechselwirkungen 152
Weg 18, 46, 116, 123, 127, 193
Weiche Faktoren 88-100
Werte 160, 161
 -wandel 29-30
Wertschätzung 93
 -schöpfung 84
 -vorstellungen 98
Wettbewerb 27
Wettbewerbs vorteile 25
What-if-Regeln 80
Widerstände 96, 112
Wir-Gefühl 99
Wirtschaftliche Ordnung 103
Wissen 56, 57-59, 60, 108, 125
 Fach- 108, 110
 Halbwertszeit 26, 31
 Handlungs 108, 110
 Methoden- 108, 110
 Orientierungs- 108, 110
 Quellen- 108, 110
 Umwelt- 108, 110
 Vertiefungs- 108, 110
Wissensbank 57
Wissensbasiertes lebendiges Lernen (WiLLe) 109-111
Wissensorganisation 110
Wunschprojektionen 80

Z

Zeit 69, 144-145
 -intervall 51
 -management 24, 69
 -reihen 168-169
Zerstörungswahn 36, 40
Ziel 18, 20, 46, 67, 73, 74, 94, 117, 118, 127, 135, 193, 199
 -analyse 171-172, 173
 -anpassungen 122
 -baum 174
 -dimensionen 121
Ziele,
 Aufgaben- 100
 Einzel- 121
 Prozeß- 100
 strategische 120
Zielfindung 171-175
 -funktion 174
 -gewichtung 172-173
 -hierarchie 121, 157, 171
 -korridor 51, 53, 55, 63, 122
 -normen 121
 -orientierte Projekplanung (ZOPP) 123, 155
 -setzung 20, 80
 -system 119-123
 -vereinbarung 90
Zufriedenheit 117
Zurechenbarkeit 115
Zusammenwirken 47, 52, 67-69, 77, 91, 95, 102, 113, 126
Zuständigkeit 24
Zyklen 71
 Entwicklungs- 145
 Produkt- 25, 145

Eigene Anmerkungen und Notizen:

Eigene Anmerkungen und Notizen:

Eigene Anmerkungen und Notizen:

Eigene Anmerkungen und Notizen:

Eigene Anmerkungen und Notizen:

Weitere Titel der Edition GABLERS MAGAZIN

☐ D. Schuppert/I. Walsh/M. Kielbassa/A. Lukas/ R.-G. Hobbeling (Hrsg.): Langsamkeit entdecken, Turbulenzen meistern – Wie Sie sich für turbulente und dynamische Zeiten rüsten können, ISBN 3-409-18723-5, 256 Seiten, 48,– DM

☐ U. Brommer: Lehr- und Lernkompetenz erwerben – Ein Weg zur effizienten Persönlichkeitsentwicklung, ISBN 3-409-18722-7, 152 Seiten, 36,– DM

☐ W. Burckhardt (Hrsg.): Schlank, intelligent und schnell – So führen Sie Ihr Unternehmen zur Hochleistung, ISBN 3-409-18 31-6, 206 Seiten, 36,– DM

☐ R. J. Schätzle: Marktüberlegenheit und persönliche Effizienz – Wie Sie mit integriertem Management Ihr Unternehmen fitter machen, ISBN 3-409-18732-4, 200 Seiten, 36,– DM

☐ B. Hommerich, M. Maus, U. Creusen: Die Chance Innovation – Wie Sie Wandel mit Mitarbeitern leben und gestalten, ISBN 3-409-28735-3, 168 Seiten, 48,– DM

☐ D. Schuppert/A. Lukas (Hrsg.): Lust auf Leistung – Die neue Legitimation in der Führung, ISBN 3-409-18734-0, 197 Seiten, 48,– DM

☐ J. Mees/S. Oefner-Py/K.-O. Sünnemann: Projektmanagement in neuen Dimensionen – Das Helogramm zum Erfolg, ISBN 3-409-28726-4, 234 Seiten, 48,– DM

☐ W. Saaman/K. Bredemeier/A. Eckstein/K. Hildebrandt (Hrsg.): Führungspower – Konzepte für mehr Effizienz, ISBN 3-409-18724-3, 174 Seiten, 48,– DM

☐ K.-O. Sünnemann/S. Oefner-Py/J. Mees/H. Loddenkemper: Sinn-Management – Mehr Effizienz durch Zusammenwirken, ISBN 3-409-18739-1, 174 Seiten, 48,– DM

Weitere Titel der Edition GABLERS MAGAZIN

- ❑ D.Schuppert/A. Lukas (Hrsg.): Signale zum Aufbruch – Was Manager der Zukunft auszeichnet, ISBN 3-409-18774-X, 206 Seiten, 48,– DM
- ❑ S. Behrend/Mummert & Partner FVT: Fit in Schlips und Kragen – Ein Trainingsleitfaden für den Berufsalltag, ISBN 3-409-18779-0, 168 Seiten, 48,– DM
- ❑ S. Skirl/U. Schwalb (Hrsg.): Das Ende der Hierarchien – Wie Sie schnell-lebige Organisationen erfolgreich managen, ISBN 3-409-18738-3, 221 Seiten, 48,– DM
- ❑ L. Becker/A. Lukas (Hrsg.): Effizienz im Marketing – Marketingprozesse optimieren statt Leistungspotentiale vergeuden, ISBN 3-409-18775-8, 237 Seiten, 48,– DM
- ❑ B. Heitger/C. Schmitz/B. Zucker (Hrsg.): Agil macht stabil – Die Zukunft der internen Dienstleister, ISBN 3-409-18777-4, 216 Seiten, 48,– DM

(Änderungen vorbehalten)

Für Ihre Bestellung

Hiermit bestelle ich die angekreuzten Bücher gegen Rechnung:

_____
Name, Vorname (ggf. Firma)

_____
Straße

_____
PLZ/Ort

_____
Datum/Unterschrift

Gabler Verlag, Redaktion GABLERS MAGAZIN, Taunusstraße 54, D-65183 Wiesbaden, Telefon 0611/534 263,

Fax 0611/534 430

GABLER
Management Institut
Starnberg • Wiesbaden • Berlin

Und jetzt...

... will ich das Gelesene in der Diskussion vertiefen,
... will ich mich mit Menschen austauschen,
die gleiche Wünsche, gleiche Ziele und
gleiche Erfahrungen haben
... möchte ich persönliches Feedback erhalten,
jetzt will ich ein Seminar!

Es gibt nichts Gutes,

außer man tut es!

Fordern Sie unsere Seminar- und Konferenzübersicht an:
Gabler Management Institut, Sonja Buch, Taunusstraße 54,
65005 Wiesbaden, Fax 06 11 / 53 44 01, Tel. 06 11 / 53 42 91

Gabler Management Institut: Seminare • Beratung • Konferenzen

CONNECTIONS

Für innovative Führungskräfte

GABLERS MAGAZIN:

State of the Art im Management.

■ **GABLERS MAGAZIN**
– verbindet avantgardistisches Managementwissen mit der Praxis.

■ **GABLERS MAGAZIN**
– mit dem vierteljährlichen Newsletter des European Consultants Unit (E.C.U.).

■ **GABLERS MAGAZIN**
– mit dem vierteljährlichen St. Galler Management Letter.

■ **GABLERS MAGAZIN**
– namhafte Autoren, fundiertes Know-how, praxisnahe Berichte.

Fordern Sie noch heute zwei kostenlose Probehefte **GABLERS MAGAZIN** an – für den Erfolg Ihres Unternehmens und für Ihre Karriere.

GABLER'S MAGAZIN
DIE ZEITSCHRIFT FÜR INNOVATIVE FÜHRUNGSKRÄFTE

▼ **COUPON** ▼

Ja, ich möchte zwei aktuelle kostenlose Probehefte **GABLERS MAGAZIN**. Sollte ich an einem regelmäßigen Bezug von **GABLERS MAGAZIN** nicht interessiert sein, gebe ich Ihnen innerhalb von 10 Tagen nach Erhalt des zweiten Heftes eine kurze schriftliche Mitteilung. Wenn Sie nichts von mir hören, möchte ich mein Abonnement zum Jahresbezugspreis von DM 158,– (Studentenvorzugsangebot DM 98,–) jährlich mit 10 Heften, inklusive 2 Doppelausgaben, frei Haus. Ausland zuzüglich Versandkosten. Änderungen vorbehalten.

Name/Vorname

Firma

Straße/Postfach

PLZ/Ort

Datum/Unterschrift   2031

GABLER
Fax (0611) 59 87 83

Taunusstraße 54
Postfach 1546
65005 Wiesbaden

MIX
Papier aus verantwortungsvollen Quellen
Paper from responsible sources
FSC® C105338

If you have any concerns about our products,
you can contact us on
ProductSafety@springernature.com

In case Publisher is established outside the EU,
the EU authorized representative is:
**Springer Nature Customer Service Center GmbH
Europaplatz 3, 69115 Heidelberg, Germany**

Printed by Libri Plureos GmbH
in Hamburg, Germany